lire l'actualité en français

日本語訳付

アンフォ

フランス語でニュースを読む

Ⅰ

井上美穂
ファビエンヌ・ギユマン

フランソワ・ルーセル
平松尚子

SURUGADAI-SHUPPANSHA

Préface

Les Français sont en général curieux, bavards, et friands de discussions en tous genres sur le monde qui nous entoure : la société dans laquelle nous vivons, la culture qui nous a formés, les expériences que nous avons rencontrées, ou autres. À mesure que la connaissance de la langue française se précise chez les étudiants japonais, il faut penser à leur donner l'occasion de développer leurs capacités de s'exprimer sur des sujets variés, autres que ceux qui apparaissent le plus souvent dans les méthodes d'enseignement classiques. *Infos* a été conçu dans cette optique et nous espérons que cet ouvrage apportera aux apprenants la juste motivation pour persévérer dans cette belle aventure qu'est la découverte de la langue française.

Novembre 2019

Fabienne GUILLEMIN

まえがき

大分以前のことになりますが，私が仏検を受験した時に，VTT（マウンテンバイク）と nappe phréatique（地下水）という単語が出題されました．当時はマウンテンバイクが流行し始めた時で，環境問題として地下水の汚染などが話題となった時期でもありました．もしフランス語の新聞を読んでいたら当然どちらも知っているべき単語だったのですが，当時の私は仏語の新聞を読んでいませんでしたので，答は空欄になってしまいました．理由は，記事で使われている文が長くて複雑なため，辞書を引いただけではとても理解できず，新聞記事の読解をあきらめていたからです．「もし，もう少し簡単な構造の文で書かれた記事があればいいのに．そして，横に日本語で解説が加えてあればもっと便利なのに．」と思ったことを覚えています．

そのような思いを込めて，今回の参考書の出版に至りました．2010年に高校や大学向けの教科書として出版した『アンフォ vol.3』の内容に，新しい情報を加えて書き直しを加えたもので，社会人の方々をも対象とした読解用の参考書です．ぜひ，みなさま方の学習や，仏検対策のお役に立ててください．

2019年11月
井上美穂

目　次

1

ミルフィーユの1000《ミル》年

Mille ans de millefeuille

CD 01

Un millefeuille se réalise en intercalant deux couches de crème pâtissière entre trois couches de pâte feuilletée. C'est pendant la cuisson que cette pâte développe des feuillets très fins (jusqu'à 729 !) et donne ainsi l'impression que le gâteau est composé de mille feuilles superposées, d'où son nom. Le mot apparaît au début du XIXe siècle en France. C'est donc bien une pâtisserie française mais l'un de ses deux composants, la pâte feuilletée, serait d'origine arabe.

Remontons dans le temps jusqu'à l'époque des croisades. Les croisés ont rapporté bien des choses en Europe, comme les grenades, les pistaches, le sarrasin... et, parmi ces choses, la pâte feuilletée. Celle du monde arabe était réalisée feuille à feuille, en insérant de l'huile (et non du beurre) entre de très fines couches d'une pâte composée de farine et d'eau. Malgré la fascination des croisés pour cette pâte miraculeuse, elle est vite tombée dans l'oubli en France.

Ne reprochons pas trop sévèrement aux cuisiniers du

注（本文には下線を付してあります.）

第1段落

en intercalant：動詞 intercaler（はさみこむ）のジェロンディフ．ここではジェロンディフは手段を表し，「挿入することにより」という意味になる． **couche** (f.)：層． **crème** (f.) **pâtissière**：カスタードクリーム． **pâte** (f.) **feuilletée**：折り込みパイ生地．仏文テキストの説明にあるように，生地とバターを何回も折り重ねることによって作るパイ生地を指す．この他のパイ生地には，タルトなどによく使われる練り込みパイ生地がある． **C'est pendant la cuisson que...**：pendant la cuisson を目立たせる強調構文． **cuisson** (f.)：加熱調理．ここではお菓子を焼くこと． **feuillet** (m.)：紙やパイなどの１枚１枚． **fin(e)**：薄い． **ainsi**：このようにして．ここでは，加熱によって多数のパイ皮の層が出来上がることを指す． **superposé(e)**：動詞 superposer（重ね合わせる）の過去分詞．ここでは feuilles を修飾しているので女性複数の一致 -es がなされている． **d'où...**：それが由来となって〜となった． **XIXe siècle** (m.)：読み方は dix-neuvième siècle（19世紀）．フランス語では，世紀には序数詞を使い，ローマ数字で表す． **C'est donc bien une pâtisserie française mais...**：C'est bien... mais...（確かに〜ではありますが，〜）の構文． **l'un de...**：〜のうちのひとつ．ここでは composant (m.) を指しているので un となっているが，女性名詞を指す場合は une となる．定冠詞 l' をつけると文体が美しくなるが，定冠詞無しの un(e) de... と意味は変わらない． **serait**：être の条件法現在形．ここの条件法は「〜らしい」という断定を避けるニュアンスを出している．

第2段落

croisade (f.)：十字軍． **croisé** (m.)：十字軍兵士． **bien des...**：多くの〜． **grenade** (f.)：ザクロの実． **pistache** (f.)：ピスタチオ． **sarrasin** (m.)：（植物の）ソバ． **feuille à feuille**：１枚ごとに． **en insérant**：動詞 insérer（挿入する）のジェロンディフ． **huile** (f.)：油，オイル．部分冠詞 de l' がついている． **de très fines couches**：名詞複数形 couches の前に，形容詞複数形 (très) fines が来ているので，des ではなく de が使われている． **composé(e) de...**：〜によって構成された．ここでは pâte に係っているので女性の一致 -e がなされている． **fascination** (f.)：魅力にとりつかれること． **miraculeux, miraculeuse**：驚くべき． **vite**：すぐに． **tomber dans l'oubli** (m.)：忘れられてしまう．

第3段落

reprocher ... + à 人：〜について誰々を非難する． **sévèrement**：厳しく．

Moyen Âge ce désintérêt car la préparation de la pâte feuilletée exige énormément d'habileté et de temps. Il faudra donc attendre plusieurs siècles avant que les pâtissiers de cour, pour plaire aux monarques et aux nobles, retrouvent le secret de cette pâte raffinée, oubliée pendant si longtemps.

Quel est donc ce secret ? Pour obtenir justement cette apparence de mille feuilles, il faut d'abord enfermer la totalité du beurre ramolli dans une boule de pâte classique puis abaisser celle-ci. Mais attention, le beurre ne doit pas s'échapper ! Si vous sortez vainqueur de cette première épreuve, vous plierez ensuite la pâte en trois et la laisserez reposer dans un endroit frais pendant 30 minutes pour que le beurre durcisse. Il est ensuite nécessaire de répéter ces trois opérations trois fois de suite. Attention encore ! Si vous la travaillez trop, la pâte devient alors élastique et le feuilletage perd sa légèreté. Avouons que faire une pâte feuilletée maison peut être stressant. Heureusement, de nos jours, on la trouve toute prête dans la plupart des supermarchés et à un prix raisonnable.

La préparation du millefeuille est compliquée et sa dégustation peut présenter un véritable défi. Si vous avez déjà essayé, vous

Moyen Âge (m.)：（ヨーロッパの）中世. **désintérêt** (m.)：無関心. **exiger**：要求する. **énormément de...**：大量の～. **habileté** (f.)：器用さ. **faudra**：形は単純未来だが，意味は過去における未来を表わす. **plusieurs...**：いくつもの～. **cour** (f.)：宮廷. **plaire + à 人**：誰々の気に入られる. **monarque** (m.)：君主. **noble**：貴族. **raffiné(e)**：洗練された.

第 4 段落

Quel est... ?：～は何だろうか？ **justement**：まさに. **apparence** (f.)：外観. **enfermer**：閉じ込める. **ramolli(e)**：柔らかくなった. **une boule de...**：球状の～. **abaisser**：めん棒で生地を伸ばす. **celle-ci**：それ（指示代名詞）. ここでは une boule de pâte を指す. **s'échapper**：はみ出す，漏れる. **sortir vainqueur de...**：～の戦いから勝利者となって出てくる. **épreuve** (f.)：試練. **plierez**：動詞 plier（折る）の単純未来形. plier en trois は「３つに折る」という意味. **la**：la pâte を指す代名詞. **laisser reposer**：休ませる.「laisser +不定詞」は「～させておく」という意味. **durcisse**：pour que で始まる節なので，durcir（固くなる）の接続法現在形が使われている. **Il est nécessaire de +不定詞**：～することが必要だ. Il は非人称. **de suite**：続けて. **la**：上にある la pâte を指す代名詞. **travailler...**：～を加工する. ここでは生地を伸ばす作業を指す. **élastique**：弾力がある. ここでは生地に粘り気が出ることを指す. **légèreté** (f.)：サクサクとした軽さ. **Avouons**：動詞 avouer（白状する，認める）の命令形. **... maison**：自家製の～. **stressant(e)**：ストレスがかかる. **de nos jours**：今日では. **la**：pâte (f.) feuilletée を指す代名詞. **tout(e) prêt(e)**：すっかり準備が整った. **la plupart de...**：大部分の～. **à +価格**：価格の前には前置詞 à をつける. **raisonnable**：妥当な，手ごろな.

第 5 段落

dégustation (f.)：賞味. **véritable**：真の. **défi** (m.)：挑戦.

voyez très bien ce que je veux dire... Dans un sondage réalisé au Japon, il est cité en premier comme aliment difficile à manger, devançant « un gros morceau de sushi » et « une viande trop dure ». Pourtant, le millefeuille est un incontournable pour les amateurs de pâtisseries.

pâte feuilletée
https://www.youtube.com/watch?v=Jnv557MuUGM&frags=pl%2Cwn

文を分解する

以下は，本文からの抜粋です．この長い文を前から順番に分解しながら，意味をとる練習をしましょう．

Il faudra donc attendre plusieurs siècles avant que les pâtissiers de cour, pour plaire aux monarques et aux nobles, retrouvent le secret de cette pâte raffinée, oubliée pendant si longtemps.

(1) avant que の前までが主節，avant que とそれ以降が従属節ですので，まず avant que の前までを区切りとし，そこまでの意味をとりましょう．

意味①　ですから，(　　　　　　　　　　　　　　)ければならなかったのです．

(2)「A + plaire + à　B」で，「A が B に気に入られる（A が B に好かれる）」という意味です．上の文において，A（plaire の主語）と B を見つけましょう．

vous voyez ce que je veux dire：私が言いたいことは，おわかりでしょう．**sondage** (m.)：調査．　**en premier**：第一に．　**aliment** (m.)：食品．　**aliment difficile à manger**：「名詞＋形容詞＋à＋不定詞」で「～するのが～な○○」の意味．**devançant**：動詞 devancer（を抜く）の現在分詞．　**dur(e)**：硬い．　**incontournable**：無視できないもの．名詞が省略されて，形容詞が単独で使われている．　**amateur, amatrice**：愛好者．

millefeuille
https://www.youtube.com/watch?v=jzKQziH9x6E&frags=pl%2Cwn

---

(3)　avant que を「その後に」と解釈して，nobles の後のカンマまでの意味をとりましょう．(2)で見つけた A と B を下のかっこに入れます．

意味②　ですから，何世紀をも待たなければならず，その後に（A　　　）が（B　　　）に気に入られようとして，

(4)　３つ目のカンマの後に，区切りの印のスラッシュを記入しましょう．そして retrouvent からスラッシュまでの意味をとります．

意味③　この洗練された（　　　　　　　　　　）でした．

(5)　過去分詞 oubliée から始まる oubliée pendant si longtemps の部分は，何を修飾していますか．

(6)　oubliée pendant si longtemps の意味をとります．

意味④　このパイ生地は，こんなにも長い間（　　　　　　　）です．

(7)　上で記入した**意味**②～④を続けて読んでみましょう．長い文を，後ろから前にさかのぼることなしに，意味をとることができました．

使ってみよう

モデル文（本文からの抜粋を一部変更してあります．）

C'est bien une pâtisserie française, mais la pâte feuilletée serait d'origine arabe.

「それは確かに○○ではありますが，△△なのです」C'est bien..., mais... の構文を使って作文しましょう．

(1) それは確かにカスタードクリームなのですが，そこにミントが加えられました．

ヒント：加える ajouter，ミント menthe (f.)

C'est bien ______________________, mais ______________________.

(2) それは確かに美味しいお菓子なのですが，食べるのが難しいのです．

ヒント：美味しい délicieux

C'est bien ______________________, mais ______________________.

語彙を増やそう

日　本　語	フランス語
葉［名詞］	feuille (f.)
～の葉を摘む［動詞］	
（表裏２ページを持つ）１枚［名詞］	
薄片からなる［形容詞］	
ページをめくる［動詞］	
ページをめくること［名詞］	
連続ドラマ・小説［名詞］	

文法　形容詞の位置

① フランス語では，形容詞は名詞の後に置くのが原則です．
　例：des feuillets très fins, une pâtisserie française, origine arabe

② しかし，日常よく使われる形容詞（つまり初級で学習するような形容詞）は，ふつう名詞の前へ置きます．
　名詞に前置する形容詞：bon 良い，mauvais 悪い，grand 大きい，petit 小さい，gros 太った，vieux 古い・年をとった，nouveau 新たな，jeune 若い，beau 美しい，joli きれいな
　例：un gros morceau de sushi

文法問題

指示に従い，名詞に形容詞をつけましょう．形容詞は名詞に一致させる必要があります．

(1) Une [part] de millefeuille est plus difficile à manger qu'une [part] de tarte.　→ 1 番目の part に petit，2 番目の part に grand をつけましょう．

(2) Pour réussir un millefeuille, il faut une [pâte] et une [crème] pâtissière.　→ pâte に fin，crème に bon をつけましょう．

(3) Une [recette] de millefeuille propose d'ajouter des aromates, comme de la menthe, dans la crème pâtissière.　→ recette に nouveau をつけましょう．

本文の和訳

ミルフィーユは，2 層のカスタードクリームを 3 層の折り込みパイ生地の間に挿入することによって出来上がっています．焼いている最中に，このパイ生地が薄いパイ皮をたくさん作りだし（729枚にまで！），これが，重ねあわされた1000枚のパイ皮でできているような印象をこのお菓子に与えていて，そこから［ミルフィーユという］名前が生まれたのです．この単語は，フランスでは19世紀の初頭に現れました．ですから確かにフランスのお菓子ではありますが，その 2 つの構成要素のうちのひとつである折り込みパイ生地は，アラブ［世界］に由来するらしいのです．

十字軍の時代まで，時をさかのぼりましょう．十字軍の兵士たちは，たくさんの物をヨーロッパに持ち帰りました．ザクロ，ピスタチオ，ソバなどがそうです．そしてそれらの物の中に，折り込みパイ生地が含まれていたのです．アラブ世界の折り込みパイ生地は，小麦粉と水でできたごく薄い生地の間に（バターではなく）オイルを挿入することによって，1枚1枚ができあがっていました．しかし，十字軍兵士がこの驚くべき生地に夢中になったのにもかかわらず，折り込みパイ生地はフランスではすぐに忘却のかなたへと消え去ってしまったのでした．

この無関心さについて，中世の料理人たちをあまりにも厳しく責めるのはやめておきましょう．なぜならば折り込みパイ生地づくりは，高いレベルの器用さと大量の時間を要求するからです．ですから，それ［十字軍の時代］から何世紀をも待たなければならず，その後に［やっと］宮廷の菓子職人たちが君主や貴族たちに気に入られようとして，この洗練されたパイ生地の秘密を再び見い出したのでした．このパイ生地は，こんなにも長い間忘れられていたのです．

さて，この秘密とは何でしょうか？まさに千枚の層のように見える外観を得るためには，まず柔らかくしたバターの全体を，丸めた普通の生地の中に閉じ込めて，次にそれを［めん棒で］伸ばさなければなりません．でも注意して下さい，バターが［生地から］漏れ出してはいけません．もしこの最初の試練を乗り越えることができたならば，次に生地を3つに折り畳み，30分間冷たい場所でそれ［生地］を休ませます．バターを固くすることが目的です．さらにこの作業を3回続けて繰り返す必要があります．でも，再び注意してください！もし［生地を］こね過ぎると，生地は粘り気を持ってしまい，パイの層はサクサクとした軽さを失ってしまいます．自家製の折り込みパイ生地を作るのは，もしかするとストレスがかかってしまうことを認めましょう．幸いにも，今日では大部分のスーパーでお手頃価格ですっかり出来上がった生地を見つけることができます．

ミルフィーユは作り方が複雑ですが，それを賞味することとなると完全な挑戦の様相を呈します．もしすでに召し上がったことがあるならば，私が言いたいことはよくおわかりでしょう．日本で行われた調査によると，「大きな寿司の塊」や「硬すぎる肉」を抜き，ミルフィーユは食べることが難しい食品の第一位にあげられています．しかしながらミルフィーユは，パティスリーの愛好家にとって無視できない存在なのです．

正解と解説

文を分解する

(1) **意味①** ですから，（何世紀をも待たな）ければならなかったのです．

(2) A = pâtissiers de cour, B = monarques と nobles

(3) **意味②** ですから，何世紀をも待たなければならず，その後に（A 宮廷の菓子職人たち）が（B 君主や貴族たち）に気に入られようとして，

(4) **意味③** この洗練された（パイ生地の秘密を再び見い出したの）でした．

(5) cette pâte raffinée を修飾している．

(6) **意味④** このパイ生地は，こんなにも長い間（忘れられていたの）です．

使ってみよう

(1) C'est bien une crème pâtissière, mais on y a ajouté de la menthe.

解説：crème pâtissière は通常は不可算名詞ですが，ここではミントを加えたもの，加えないもの，２種類のカスタードクリームがあることを想定していますので，部分冠詞ではなく une が使われています．一方 menthe はそのような想定がなされていないため，部分冠詞 de la が使われています．

(2) C'est bien un gâteau délicieux, mais il est difficile à manger.

解説：「食べるのが難しい」には，「主語 + être + 形容詞 + à 不定詞」（○○は，△△するのが××だ）の構文が使われています．

語彙を増やそう

葉［名詞］feuille (f.) / ～の葉を摘む［動詞］effeuiller... /（表裏２ページを持つ）１枚［名詞］feuillet (m.) / 薄片からなる［形容詞］feuilleté / ページをめくる［動詞］feuilleter / ページをめくること［名詞］feuilletage (m.) / 連続ドラマ・小説［名詞］feuilleton (m.)

文法問題

(1) Une petite part de millefeuille est plus difficile à manger qu'une grande part de tarte. ミルフィーユの小さな塊は，タルトの大きな塊よりも食べるのが難しいです．

(2) Pour réussir un millefeuille, il faut une pâte fine et une bonne crème pâtissière. ミルフィーユ［の作成］に成功するためには，薄いパイ皮と良質なカスタードクリームが必要です．

(3) Une nouvelle recette de millefeuille propose d'ajouter des aromates comme de la menthe, dans la crème pâtissière. ミルフィーユの新たなレシピは，ミントのような香草をカスタードクリームに加えることを提案しています．

解説：「ミルフィーユに使うカスタード」という限定がついているので，crème pâtissière には定冠詞 la がついています．）

2

幸せを呼ぶすずらん

Le muguet porte-bonheur

CD 02

De nombreuses légendes entourent la naissance du muguet. L'une d'entre elles relate que Saint Léonard, qui vivait isolé au fond d'une forêt dans une vallée près de Limoges, en France, a été attaqué un jour par un dragon. Il est sorti vainqueur de cette terrible bataille mais chaque goutte de sang tombée de ses blessures s'est transformée en pied de muguet. Après le combat, le sol de la forêt en était couvert. Cela expliquerait pourquoi le muguet a la réputation de porter bonheur, surtout un brin qui porte treize clochettes.

Au Japon, on trouve aussi du muguet dans la nature, sur les plateaux de Hokkaïdo, de Honshu et de Kyushu. Il est presque identique au muguet européen mais ses clochettes sont plus petites et fleurissent plus bas, plutôt en dessous des feuilles. Celui que l'on cultive ici dans un but commercial vient d'Europe. On l'appelle le « muguet allemand ». Ses clochettes sont plus grosses et elles apparaissent, en général, au-dessus des feuilles.

En France, il est de tradition d'offrir du muguet au printemps

注（本文には下線を付してあります.）

第１段落

De nombreuses：形容詞 nombreux（数多くの）の複数形が名詞 légendes の前に来ているので，冠詞には des ではなく de が使われている．**légende** (f.)：伝説．**entourer**：取り巻いている．**L'une de...**：une de... と同じ意味だが，定冠詞 l' をつけると文体が美しくなる．**entre elles**：「～のうちのひとつ」と言い表す時に，「～」の部分に普通名詞が入っていれば une des étudiantes のようになり，entre は必要ない．「～」の部分に elles などの人称代名詞が入っている場合は，une d'entre elles のように entre を挿入する必要がある．**relater**：詳述する．**Saint Léonard**：聖人レオナール．**Limoges**：フランス南西部にある町．**un jour**：ある日．**sortir vainqueur de...**：～［の戦い］から勝利者となって出てくる，～に勝利する．**bataille** (f.)：戦い．**goutte** (f.)：しずく．**sang** (m.)：血．**tombé(e) de...**：～から落ちた．**se transformer en...**：～に変化する．**pied** (m.)：１株．**muguet** (m.)：すずらん．muguet は不可算名詞．**sol** (m.)：地面．**en était couvert(e)**：être couvert(e) de... で「～におおわれている」の意味．ここの en は，de muguet を指す代名詞．**réputation** (f.)：評判．**porter bonheur**：幸福をもたらす．**surtout**：特に．**brin** (m.)：［植物などの］茎．**porter**：持っている．**clochette** (f.)：すずらんの花は小さな釣鐘型をしているので，clochette（鈴）と呼ばれる．

第２段落

du muguet：muguet は不可算名詞なので，ここでは部分冠詞が使われている．**plateau** (m.)：高原．**identique à...**：～と同一の．**fleurir**：花が咲く．活用は -ir 型．**bas**：下の方に．**en dessous de...**：～の下側に．**Celui que...**：celui は muguet を指す指示代名詞（男性単数形）．後に que で始まる節が続くので，指示代名詞が使われている．**l'on**：on だけでも意味は変わらないが，l' を付けた方が文体が美しくなる．**cultiver**：育てる．**but** (m.)：目的．**vient d'Europe**：venir de...（～から来る）の後に母音始まりの大陸名や国名が続く時，その冠詞は無くなって，×venir de l'Europe ではなく venir d'Europe のようになる．**l'**：日本で販売目的で育てられているすずらんを指す代名詞．**muguet** (m.) **allemand**：日本で使われている呼称「ドイツすずらん」で，ヨーロッパ種のすずらんを指す．フランスでは muguet allemand という呼称は使われていない．**apparaître**：現れる．**au-dessus de...**：～の上に．

第３段落

il est de tradition de ＋不定詞：～するのが伝統である．主語 il は非人称．

aux personnes qu'on aime. Mais depuis quand est-il associé au 1er mai ? Certains disent que c'est le roi Charles IX qui a instauré cette coutume en 1561. D'autres disent que c'est en 1890 que cela a commencé car, cette année-là, lors de la toute première manifestation du 1er mai, les manifestants français portaient du muguet en mémoire des ouvriers grévistes morts quatre ans plus tôt à Chicago au cours d'affrontements avec la police. D'autres encore disent que cela remonte au début du XXe siècle lorsque les couturiers offraient, en ce premier jour de mai, du muguet à leurs « petites mains » et à leurs clientes. Des personnalités du monde du spectacle auraient alors suivi la tendance et commencé à mettre du muguet à leur boutonnière.

Si vous sortez un 1er mai dans les rues de Paris, vous verrez, parmi les milliers de manifestants, des fleuristes d'un jour qui espèrent gagner un peu d'argent en vendant du muguet. Ce jour-là, en effet, la vente de muguet dans la rue est exceptionnellement permise à tous, sans besoin d'une autorisation et sans avoir de taxe à payer (mais à condition que ce soit du muguet sauvage cueilli dans les bois). Certaines organisations s'en réjouissent.

aimer：ここでは恋愛感情だけでなく，幅広い意味での「好き」を指す．**depuis quand**：いつから．**Certains disent que... D'autres disent que...**：ある人たちは～と言い，また別の人たちは～と言っている．**Charles IX**：シャルル９世（1550-1574）．「～世」にはローマ数字を使う．**instaurer**：創始する，設立する．**coutume** (f.)：風習．**c'est en 1890 que**：en 1890を目立たせる強調構文．**cette année-là**：その年に．**lors de...**：～の時に．**toute**：この toute は première を強調している．「まったく初めてのこととして．」**manifestation** (f.)：抗議行動．**manifestant(e)**：デモ参加者．**porter**：身に着けている．**en mémoire de...**：～を記念して，～を偲んで．**ouvrier, ouvrière**：労働者．**morts**：mourir（死ぬ）の過去分詞で，ouvriers に係る．**時の表現＋ plus tôt**：～前に．**D'autres encore disent que...**：さらにまた別の人たちは～と言っています．**couturier, couturière**：高級仕立服のデザイナー．**offraient**：動詞 offrir（贈る）の半過去形．当時のデザイナーの習慣を述べているので半過去形が使われている．**en ce premier jour de mai**：この５月の最初の日に．**petites mains** (f.)：お針子．**personnalité** (f.)：有名な人物．**monde** (m.) **du spectacle**：ショービジネスの世界．**auraient suivi**：suivre（後について行く，真似をする）の条件法過去形．過去の出来事を伝聞・推察として述べているので条件法過去形が使われている．「真似をしたらしい」．**tendance** (f.)：風潮．**boutonnière** (f.)：ボタンホール．

第４段落

un 1er mai：「毎年来るどれかの５月１日に」という意味で un がつけられている．**verrez**：動詞 voir（見える）の単純未来形．**... d'un jour**：１日だけの～．**en effet**：実際に．**vente** (f.)：販売．**permis(e)**：許可された．女性単数名詞 vente に係るので，女性の一致 -e がなされている．**de taxe à payer**：「名詞＋ à 不定詞」（～すべき○○）の表現で，「支払うべき税」．ここでは否定の意味を持つ sans の句の中なので，否定の de がついている．**à condition que...**：「～を条件として」．販売に関する規制は，自治体が決めている．花屋さんの店舗から離れていなければならない，販売のために机などを設置してはいけない，などの規制がある．**sauvage**：野生の．**cueilli(e)**：動詞 cueillir（摘む）の過去分詞で，muguet sauvage に係る．**organisation** (f.)：団体，組織．**s'en réjouissent**：se réjouir de...（～を喜んで利用する）．de... なので代名詞には en が使われ，en は「税金を支払わずにすずらんの販売ができること」を指す．

Traditionnellement, les militants du Parti communiste français saisissent l'occasion de ce grand rassemblement pour récolter des fonds avec la vente de muguet. On estime que cela leur rapporterait entre 500 000 et 600 000 euros. Quelle aubaine !

vente du muguet le 1er mai à Paris
https://www.youtube.com/watch?v=Birc2az4_nI&frags=pl%2Cwn

文を分解する

以下は，本文からの抜粋に手を加えたものです．この長い文を前から順番に分解しながら，意味をとる練習をしましょう．

Cette année-là, lors de la toute première manifestation du 1er mai, les manifestants français portaient du muguet en mémoire des ouvriers grévistes morts quatre ans plus tôt à Chicago.

(1) 上の文において，まず2つ目のカンマまでを区切りとし，そこまでの意味をとりましょう．

意味① （　　　　　　　　　　　）の時でした．

(2) 主語 les manifestants français のあとに続く動詞と目的語を見つけ，そこに区切りの印を入れましょう．そして意味をとります．

意味② フランスのデモ参加者は（　　　　　　　　　　　）．

militant(e)：活動家. **Parti communiste français**：フランス共産党. **saisir l'occasion**：機会をつかむ. **rassemblement** (m.)：集まり，集会. **récolter des fonds**：資金を集める. **estimer**：見積もる. **rapporterait**：動詞 rapporter（もたらす）. 正確な金額はわからないので，伝聞・推測を表す条件法現在形になっている. **Quelle aubaine** (f.)：aubaine は「好機」.「Quel + 名詞 !」で感嘆文になる. Quel は，ここでは女性単数名詞 aubaine と一致した形 Quelle になっている.

---

(3) 上で見つけた目的語のあとに続く en mémoire des ouvriers grévistes（状況補語）は，次のどれを表していますか.
場所・時・結果・目的・条件・対立

(4) en mémoire des ouvriers grévistes の意味をとりましょう.
意味③（　　　　　　　　　　）ために，そうしたのです.

(5) morts quatre ans plus tôt à Chicago は，何を修飾していますか.

(6) morts から最後までの意味をとりましょう.
意味④ その労働者たちは（　　　　　　　　　　）です.

(7) 上で記入した**意味①〜④**を続けて読んでみましょう.

使ってみよう

モデル文（本文からの抜粋）

Certains disent que c'est le roi Charles IX qui a instauré cette coutume en 1561. D'autres disent que c'est en 1890 que cela a commencé...

Certains disent que c'est... D'autres disent que c'est...「ある人たちはそれが～と言い，また別の人たちはそれは～と言っている」の構文を使って作文しましょう．

(1) ある人たちはそれが幸せをもたらす花であると言い，また別の人たちは他のすべての花と同じく単なる花であるといっています．

ヒント：～と同じく comme..., 単なる simple

Certains disent que c'est ________________________. D'autres disent que c'est ________________________.

(2) ある人たちは5月1日にボタンホールにすずらんを刺すなんて馬鹿げていると言い，また別の人たちはエレガントな伝統であると言っています．

ヒント：馬鹿げている ridicule

Certains disent que c'est ________________________ D'autres disent que c'est ________________________.

語彙を増やそう

日　本　語	フランス語
花屋［名詞］	fleuriste
花［名詞］	
花が咲く［動詞］	
花の咲いている［形容詞］	
開花［名詞］	
花の［形容詞］	
植物相［名詞］	

文法　直説法単純未来形

① 単純未来形は，未来の事柄を表します．
Si vous sortez un 1er mai dans les rues de Paris, vous verrez des fleuristes d'un jour.（本文から抜粋）

② 活用語尾はすべての動詞に共通です．je の語尾を -rais としたり，tu の語尾の -s を抜かしたりする誤りが多いので，気をつけましょう．

je	**-rai**	nous	**-rons**
tu	**-ras**	vous	**-rez**
il	**-ra**	ils	**-ront**
elle	**-ra**	elles	**-ront**

manifester	je manifeste**rai**	nous manifeste**rons**
（-er 動詞）	tu manifeste**ras**	vous manifeste**rez**
	il / elle manifeste**ra**	ils / elles manifeste**ront**

voir	je ver**rai**	nous ver**rons**
	tu ver**ras**	vous ver**rez**
	il / elle ver**ra**	ils / elles ver**ront**

文法問題

かっこ内の動詞を単純未来形にしましょう．

(1) Le 1er mai, je (porter) du muguet à ma boutonnière.

(2) Un jour, le muguet virtuel sur Internet (remplacer) le muguet réel.

(3) L'année prochaine, le Parti communiste (gagner) encore plus d'argent avec la vente de muguet.

本文の和訳

数多くの伝説が，すずらんの誕生を取り巻いています．そのうちのひとつは，次のように詳しく述べています．フランスのリモージュ近くの谷にある森の奥深くに一人で住んでいた聖人レオナールは，ある日ドラゴンに襲われました．聖人は激しい戦いを制しましたが，彼の傷から落ちた血の一滴一滴が一株ずつのすずらんに変わったのです．戦いの後，森の地面はすずらんでおおわれていたということです．この話が，すずらんが幸せをもたらすという評判を持っていることを，説明してくれると思われます．特に13個の花をもったすずらんの茎が［そうだと言われています］．

日本にも，北海道，本州，九州の高原に，野生のすずらんがあります．このすずらんは，ヨーロッパのすずらんとほぼ同一ですが，その花はより小さく，より下の方，どちらかというと葉の下に花を咲かせます．ここ［日本］で商業目的で栽培されているのは，ヨーロッパから来たものです．「ドイツすずらん」と呼ばれています．その花はより大きく，一般的に葉より上に姿を現します．

フランスでは，好きな人に春にすずらんを贈るという伝統があります．ところで，いつからすずらんは５月１日に結び付けられているのでしょうか？ある人たちは，シャルル９世王が1561年にこの風習を始めたと言っています．別の人たちは，1890年に始まったのだと言っています．なぜならば，この年，まったく初めてのこととしての５月１日の抗議行動の時に，フランスのデモ参加者がすずらんを身に着けていたからです．彼らは，ストに参加していた労働者たちを偲ぶために，そうしました．その労働者たちは，４年前，警察との衝突の最中にシカゴで亡くなっていたのです［下記解説参照］．さらにまた別の人たちはこの［風習］は20世紀初頭にさかのぼると言っています．当時，高級仕立服のデザイナーたちが，この５月の最初の日に，お針子や顧客にすずらんを贈っていたのだそうです．この風習を，当時のショービジネス世界の有名人たちが真似をして，自分たちのボタンホールにすずらんを刺し始めたというのです．

もしみなさんがある［年の］５月１日にパリで外出したならば，数千のデモ参加者たちの中に，その日１日だけの花屋さんを見かけることでしょう．これらの花屋さんは，すずらんを売ることによって，お金を少し稼ごうとしているのです．［なぜならば］この日は実に，道でのすずらんの販売が例外的にすべての人に認められており，許可も必要なければ支払うべき税金も無いからです．(ただし，森で摘んできた野生のすずらんであることが条件となっています．) この機会を好機ととらえる団体もあります．以前からフランス共産党の活動家たちは，この大規模な集まりを，すずらん販売による資金集めの機会として利用してきました．［すずらん販売は］共産党に50万から60万ユーロをもたらしていると見積もられています．たいへんな好機です！

解説：シカゴで労働者たちが抗議行動を行った際に多数の死者が出ました．その４年後にフランスでも初めての抗議行動が行われ，その際にデモ参加者たちが弔意を表すためにすずらんを身につけていたそうです．

正解と解説

文を分解する

(1) **意味①** (同年，まったく初めてのこととしての5月1日の抗議行動)の時でした．

(2) **意味②** フランスのデモ参加者は(すずらんを身に着けていました)．muguet の後に区切りを入れます．

(3) 目的を表しています．

(4) **意味③** (ストに参加していた労働者たちを偲ぶ)ために，そうしたのです．

(5) ouvriers grévistes を修飾しています．

(6) **意味④** その労働者たちは(4年前にシカゴで亡くなっていたの)です．

使ってみよう

(1) Certains disent que c'est une fleur qui porte bonheur. D'autres disent que c'est une simple fleur comme toutes les autres.

fleur(s) の繰り返しを避けるために，toutes les autres fleurs の fleurs が省略されています．

(2) Certains disent que c'est ridicule de mettre du muguet à sa boutonnière le 1er mai. D'autres disent que c'est une tradition élégante.

語彙を増やそう

花屋［名詞］fleuriste / 花［名詞］fleur (f.) / 花が咲く［動詞］fleurir / 花の咲いている［形容詞］fleuri / 開花［名詞］floraison (f.) / 花の［形容詞］floral / 植物相［名詞］flore (f.)

文法問題

(1) Le 1er mai, je (porterai) du muguet à ma boutonnière.　5月1日に，私はボタンホールにすずらんをつけるつもりです．

解説：日付を表す時(〜日に)は，定冠詞をつけます．

(2) Un jour, le muguet virtuel sur Internet (remplacera) le muguet réel.　いつの日か，インターネット上のバーチャルのすずらんが，本物のすずらんにとってかわるでしょう．

解説：生花のすずらんの他に，すずらんの絵がついた紙のカードを贈ることもあります．さらに最近では，クリックするとすずらんの花が咲くようなネット上でのカードも存在します．

(3) L'année prochaine, le Parti communiste (gagnera) encore plus d'argent avec la vente de muguet.　来年共産党は，すずらんの販売によってさらに多く［のお金］を稼ぐことでしょう．

3 抗議する　とてもフランス的な態度

Protester, une attitude bien française

CD 03

Aux yeux des Japonais, les Français semblent avoir la révolte dans le sang. Mais pour les Français, exprimer son mécontentement, son désaccord ou son opposition est une attitude qui va de soi. D'ailleurs, la liberté de manifester étant un droit fondamental, reconnu et protégé par la loi, ils n'hésitent donc pas à l'invoquer pour se faire entendre de leurs dirigeants. Malheureusement, il n'est pas rare que des rassemblements de masse mènent certains extrémistes incontrôlés à commettre des actions répressibles par la loi. Récemment, les images des manifestations des « gilets jaunes » qui ont dégénéré en vandalisme et destructions multiples sur les Champs-Élysées, nous ont tous choqués.

Toutes les protestations à la française ne sont pourtant pas nécessairement aussi dramatiques. Certains groupes se montrent très créatifs pour protester sans violence. Depuis une dizaine d'années, des « pique-niques sauvages » sont parfois organisés dans des grandes surfaces telles que Casino, Leclerc ou autres. Il

注 （本文には下線を付してあります.）

第 1 段落

Aux yeux de...：～から見ると. **sembler + 不定詞**：～しているように見える. **révolte** (f.)：反抗. **sang** (m.)：血. **mécontentement** (m.)：不満. **désaccord** (m.)：意見の不一致. **qui va de soi**：それは当たり前だ. **D'ailleurs**：それに. **étant**：動詞 être の現在分詞で，主語は la liberté de manifester. **reconnu(e) et protégé(e)**：un droit fondamental を修飾する形容詞. ［法によって］認められ，保護されている. **ils**：フランス人を指す. **l'**：la liberté de manifester を指す代名詞. **invoquer**：引き合いに出す. **se faire entendre de...**：～に自分の意見などを聞いてもらう. **dirigeant(e)**：指導者. ここでは経営者や政治家などを指す. **il n'est pas rare que...**：～することも稀ではない. **rassemblement** (m.) **de masse**：大規模な集会. **mener + 人 + à...**：誰々を～へと駆り立てる. **répressible**：鎮圧される. répressible par la loi「法によって処罰の対象となる」. **gilets jaunes**：「黄色いベスト運動」は2018年11月から始まった仏政府への抗議行動. デモ参加者たちが工事などで着る黄色いベストを身に着けていることから，この名がついた. 平和的なデモもあったが，時には破壊活動や略奪行為が起きている. **dégénérer en...**：～へと悪化する，逸脱する. **vandalisme** (m.)：蛮行. **nous ont tous choqués**：主語は les images. 「choquer + 人」（誰々にショックを与える）の「人（直接目的）」の部分に nous が入っているので，過去分詞が複数 -s の一致をしている. 代名詞 tous（全員）は，nous を指している.

第 2 段落

protestation (f.)：抗議. **se montrer...**：～の外観を呈する. **créatif, créative**：独創的な. **une dizaine de...**：約10の～. -aine は数字の後について「約～の」という単語を作る接尾辞. **sauvage**：正規ではない. **des grandes surfaces** (f.)：grande surface（大規模店舗）は複合名詞なので，形容詞複数形の grandes が名詞の前にあっても冠詞は de ではなく，des を使う. **Casino, Leclerc**：どちらも大きなスーパーのチェーン.

s'agit de protester contre la hausse des prix, la qualité des produits, les trop grands bénéfices réalisés par les commerçants, entre autres. Pour cela, les manifestants organisent un pique-nique dans le magasin en se servant dans les rayons : fromage, saucisson, gâteaux, apéritifs ou jus de fruits... Ils en profitent pour distribuer leurs tracts aux clients, leur expliquer les raisons de cette protestation et ils les invitent même à partager avec eux ce repas improvisé. Les plaintes en justice déposées par la direction aboutissent rarement car, tant que les protestataires n'ont pas commis de dégradations et sortent du magasin sans rien emporter, il est quasiment impossible de les accuser de vol. En effet, ils rétorquent que le vieil article 1587 du Code civil français précise qu' « à l'égard du vin, de l'huile et des autres choses que l'on est dans l'usage de goûter avant d'en faire l'achat, il n'y a point de vente tant que l'acheteur ne les a pas goûtées et agréées ».

Cependant, certains types de protestation finissent toujours par des arrestations et des sanctions légales lorsqu'il y a atteinte au mobilier urbain ou à l'espace public. Régulièrement, des collectifs dits « antipub » s'attaquent à la publicité, le plus souvent dans les rues et le métro. Leurs militants arrachent les affiches ou

hausse (f.)：上昇．　**bénéfice** (m.)：利益．　**en se servant**：動詞 se servir（食べ物を自分で取る）のジェロンディフ．「食べ物を自分たちで取りながら」．　**rayon** (m.)：売り場．　**saucisson** (m.)：サラミ．　**apéritif** (m.)：食前酒．　**en profitent**：profiter de...（～を利用する）の de... の部分が代名詞 en になっている．en が指すのは，スーパーで行っている pique-niques　sauvages という行動．　**tract** (m.)：声明文のビラ．　**leur expliquer**：この不定詞は，少し前にある pour につなげて解釈する．leur が指すのは clients（スーパーの一般のお客）．　**ils les invitent même à partager**：ils は抗議行動の参加者，les はスーパーの一般客を指す．「inviter + 人 + à　不定詞」で「誰々に対し，～するように誘う」の意味．même は「～さえする」のニュアンスを出している．　**avec　eux**：eux は抗議行動の参加者を指す．　**improvisé(e)**：即席の．　**plainte** (f.)：告訴．　**justice** (f.)：司法．　**déposées**：動詞 déposer（申し立てる）の過去分詞で plaintes を修飾している．　**direction** (f.)：経営陣．　**aboutir**：成功する，うまく行く．　**tant que...**：～である限り．　**protestataire**：抗議者．　**commettre**：［犯罪などを］犯す．　**dégradation** (f.)：破壊．　**sans　rien　emporter**：何も持ち去らずに．　**quasiment**：ほとんど．　**les accuser de vol**：「accuser + 人 + de...」で「～の罪により誰々を起訴する」．les は protestataires を指す．　**En effet**：実際に．　**rétorquer**：反論する，言い返す．　**article** (m.)：条項．　**Code** (m.) **civil**：民法．　**à l'égard de...**：～に関しては．　**que l'on est dans l'usage de**：代名詞 que は vin, huile, autres choses を指し，goûter（味見をする）の直接目的補語になっている．「être dans l'usage de +不定詞」は「～するのが習慣である」の意味．　**en**：vin, huile, autres choses を指す代名詞で，faire l'achat de...（～の買物をする）の de... の部分に当たる．　**ne... point**：少しも～ではない（文語）．　**agréer**：受け入れる，同意する．

注：goûtées と agréées の -es の一致は，民法の原文のまま．

第３段落

finir par...：結局～する．　**sanction** (f.) **légale**：法的制裁．　**atteinte à...**：～を傷つけること．　**mobilier** (m.) **urbain**：市街地の設備．　**collectif** (m.)：集団．　**antipub**：anti は「反対」の意味．pub は publicité (f.)（広告）の省略語．　**s'attaquer à...**：～を攻撃する．　**arracher**：はぎ取る．　**affiche** (f.)：ポスター．

détruisent les panneaux publicitaires. Les plus déterminés, armés de bombes de peinture, barbouillent les murs ou les vitrines de slogans hostiles à la publicité, sous les encouragements de leurs sympathisants. En effet, ils estiment que les publicités sont néfastes pour diverses raisons : elles polluent le paysage urbain, elles incitent à des achats inutiles, elles provoquent une dépendance aux marques. S'ils sont interpellés, les « bombeurs antipub » sont inévitablement sanctionnés d'amendes, parfois élevées, selon les dégradations occasionnées, ou encore de peines de prison avec ou sans sursis.

Quant à José Bové, le leader altermondialiste français, il est spécialisé dans la protestation de grande envergure. Fortement opposé aux OGM, José Bové ne se gène pas du tout pour aller faucher et détruire des champs entiers de maïs transgénique avec ses adeptes. Condamné plusieurs fois, depuis 2003, à des peines allant jusqu'à dix mois de prison ferme, il ne cesse pourtant de récidiver ...

panneau (m.)：看板. **Les plus déterminés**：最も決意がかたい人たち.「人たち・活動家」という名詞が省略されている. **armé(e) de...**：～で身を固めた. **bombe** (f.) **de peinture**：ペイントのスプレー缶. **barbouiller A de B**：A に B を塗りたくる. ここでは A が les murs ou les vitrines, de B が de slogans hostiles à la publicité にあたる. **vitrine** (f.)：ショーウィンドウ. **hostiles à...**：～に敵意を持った. **sous...**：～のもとに. **encouragement** (m.)：激励. **sympathisant(e)**：支援者. **néfaste**：有害な. **divers(e)**：様々な. **polluer**：汚す. **urbain(e)**：都会の. **inciter à...**：～を仕向ける. **provoquer**：引き起こす. **marque** (f.)：ブランド. **ils sont interpellés**：ils は bombeurs antipub を指す. être interpellé は「警察の尋問を受ける」の意味. **bombeurs** (m.)：bombe［ペイントのスプレー缶］を持つ人たちの意味. **inévitablement**：必然的に. **sanctionné(e)s d'amendes**：罰金刑を受ける. **élevé(e)**：高額の. **occasionné(e)**：動詞 occasionner の過去分詞.［困ったことが］引き起こされた. **peine** (f.) **de prison**：禁固刑. **sursis** (m.)：執行猶予.

第 4 段落

Quant à...：～はというと. **altermondialiste**：反グローバル主義者. **être spécialisé(e) dans...**：～に特化する. **de grande envergure**：大規模な. **OGM**：遺伝子組み換え作物 organisme génétiquement modirfié の省略語. **ne se gène pas pour...**：躊躇せずに～する. **faucher**：刈り取る. **maïs** (m.)：とうもろこし. **transgénique**：遺伝子組み換えされた. **adepte**：信奉者. **condamné(e) à...**：～の刑を宣告された. **peine** (f.)：刑. **aller jusqu'à...**：～にまで及ぶ. **prison ferme**：実刑の禁固刑. **ne pas cesser de + 不定詞**：～し続ける. テキストにあるように, 文体上の理由から pas は省略されることが多い. **récidiver**：同じ犯罪を繰り返す.

reportage dans magasin
https://www.youtube.com/watch?v=9hplmXdycqU&frags=pl%2Cwn

Leïla Chabi de "L"Appel et la Pioche"
https://www.youtube.com/watch?v=RrqQ6zo2WGo&frags=pl%2Cwn

文を分解する

以下は，本文からの抜粋です．この長い文を前から順番に分解しながら，意味をとる練習をしましょう．

Les plus déterminés, armés de bombes de peinture, barbouillent les murs ou les vitrines de slogans hostiles à la publicité, sous les encouragements de leurs sympathisants.

(1) カンマを目印にして，上の文を４分割しましょう．

(2) 分割した２番目の部分は，何を修飾していますか．

(3) 活用している動詞を見つけて下線を引きましょう．その前までが主語ですので，次のかっこに合わせてその部分の意味をとりましょう．
意味① （　　　　　　　　　）が，（　　　　　　　　　）で身をかためて，

(4) 分割した３番目の部分の意味をとりましょう．
意味② （　　　　　　　　　）に（　　　　　　　　　）を書きまくり，

(5) 分割した４番目の部分の sous les encouragements de... という表現を「その様子を～が激励するのです」と解釈し，意味をとりましょう．
意味③ その様子を（　　　　　　　　　）が激励するのです．

(6) 上で記入した**意味**①～④を続けて読んでみましょう．長い文を，後ろから前にさかのぼることなしに，意味をとることができました．

使ってみよう

モデル文（本文からの抜粋.）

Il n'est pas rare que des rassemblements de masse mènent certains extrémistes incontrôlés à commettre des actions répressibles par la loi.

「○○が△△を××へと駆り立てることも稀ではない」(Il n'est pas rare que... mène(nt)... à...）の構文を使って作文しましょう.

(1) 広告への敵意が，活動家たちを，宣伝の看板の破壊へと駆り立てることも稀ではありません.

ヒント：～への敵意 hostilité (f.) à / envers...

Il n'est pas rare que ___________ mène ___________ à ___________.

(2) 遺伝子組み換え作物への反意が，反グローバル主義者たちを，いくつかの耕作地の刈り取りへと駆り立てることも稀ではありません.

ヒント：反意 opposition (f.)，耕作地 cultures (f.)，刈り取り arrachage (m.)

Il n'est pas rare que ___________ mène ___________ à ___________.

語彙を増やそう

日　本　語	フランス語
抗議する［動詞］	protester
抗議者［名詞］	
抗議［名詞］	

文法　人称代名詞強勢形

主語	強勢形	主語	強勢形
je	**moi**	**nous**	**nous**
tu	**toi**	**vous**	**vous**
il	**lui**	**ils**	**eux**
elle	**elle**	**elles**	**elles**

人称代名詞の強勢形は，次の場合に主に使われます．

① 前置詞の後

例：Ils les invitent même à partager avec eux ce repas improvisé.

② 主語や目的語の強調

例：Moi, je ne suis pas altermondialiste.

③ C'est..., ce sont..., ... aussi などの表現で

例：C'est lui qui a organisé le pique-nique sauvage.

文法問題

かっこ内に，適切な強勢形を入れましょう．

(1) José Bové pense que les OGM sont dangereux pour la santé. Beaucoup de Français pensent comme (　　　　).

(2) Les Français donnent toujours clairement leur avis, calmement ou avec passion. Pour (　　　　), c'est tout à fait normal.

ヒント：clairement はっきりと，avis (m.) 意見・考え，tout à fait 全面的に

本文の和訳

日本人の目には，フランス人がその血の中に反抗［の精神］を持っているように見えます．しかしフランス人にしてみれば，自分の不満，意見の不一致，反対意見を示すことは，ごく当たり前の態度なのです．それに，抗議行動を行う自由は法によって認められ，かつ保護されている基本的権利なので，フランス人は躊躇することなくこの［抗議行動の自由］をよりどころとして，上層部に自分たちの意見を聞いてもらおうとするのです．ただ残念ながら大規模な集会が，抑制のきかなくなった一部の急進派を，法による処罰の対象となる行為をおかすことへと駆り立ててしまうことも，稀ではありません．最近では，「黄色いベスト」の抗議行動がシャンゼリゼにおいて蛮行や多数の破壊行為へと逸脱した映像が，私たち全員にショックを与えました．

しかしながら，すべてのフランス風抗議行動が，必ずしもこのようにドラマチックなのではありません．非常に独創的な外観を呈しながら，暴力行為なしに抗議を行うグループもあります．約10年ほど前から，カジノやルクレールやその他のスーパーで，「正規ではないピクニック」が時々企画されています．この行動は，価格の上昇，商品の品質，商店が得ている大きすぎる利益などに抗議するためのものです．この［抗議を行う］ために，参加者たちは売り場から［勝手に］食品を取って，店内でピクニックを企画しているのです．チーズ，サラミ，お菓子，食前酒，または果物のジュースなどを取るのです．そしてこの機会を利用して，［スーパーの］一般客に声明文のビラを配り，彼らに対してこの抗議行動の理由を説明します．さらに一般客に対し，自分たちと一緒にこの即席の食事に参加するように呼びかけさえするのです．［スーパーの］経営者が司法の場へ告訴を提出しても，それが認められることはめったにありません．なぜならば，抗議者たちが破壊行為を犯さず，店から何も持ち去らなかった場合は，盗みの罪で告訴することはほとんど不可能だからです．実際に抗議者たちは次のように言い返しています．フランス民法の古い条項1587条によると，「購入前にまず味見をする習慣があるワイン，油，その他の物については，購入者がそれを味見して同意しない限りは売買が成立しない」というのです．

しかしいくつかのタイプの抗議行動は，市街地の設備または公共の場所に損害を与えてしまった場合には，必ず逮捕と法的制裁に至ります．定期的に「反広告」と称する団体が，もっぱら道やメトロの広告を攻撃しています．［これらの団体の］活動家たちは，ポスターを引きはがしたり，宣伝の看板を破壊したりしています．最も決意のかたい者たちは，ペイントのスプレー缶で身をかためて，壁やショーウィンドウに広告に敵意を示すスローガンを書きまくり，［その様子を］支援者たちが激励するのです．彼らは実際に，広告が様々な理由により有害であると考えているのです．その理由とは，広告が町の景色を汚し，不必要な買い物をそそのかし，ブランドへの依存を引き起こしているというものです．もし警察から尋問を受けた場合は，bombeurs antipub［反広告の活動家たち］ は必然的に，引き起こした破壊の程度によって罰金刑を受け，時にはそれは高額になります．あるいは執行猶予有りまたは無しの禁固刑を受けることになります．

反グローバル主義のフランス人リーダーであるジョゼ・ボヴェはというと，かれは大規模な抗議行動に特化しています．遺伝子組み換え作物に強硬に反対するジョゼ・ボヴェは，信奉者らとともに躊躇することなく遺伝子組み換えとうもろこしの畑をまるごと，刈り取って破壊しています．2003年以降何度も，時には10か月の実刑の禁固刑までも宣告されたにもかかわらず，彼は同じ犯罪行為［OGM 作物の破壊］を繰り返しています．

anti pub
https://www.youtube.com/watch?v=buLyCci6G78&frags=pl%2Cwn

José Bové arrachage de maïs
https://www.youtube.com/watch?v=4hWoJ12tk7k&frags=pl%2Cwn

正解と解説

文を分解する

(1) Les plus déterminés, / armés de bombes de peinture, / barbouillent les murs ou les vitrines de slogans hostiles à la publicité, / sous les encouragements de leurs sympathisants.

(2) armés de bombes de peinture は Les plus déterminés を修飾しています．

(3) 活用している動詞は barbouillent. **意味①**（最も決意のかたい者たち）が，（ペイントのスプレー缶）で身をかためて，

(4) **意味②**（壁やショーウィンドウ）に（広告に敵意を示すスローガン）を書きまくり，

(5) **意味③** その様子を（支援者たち）が激励するのです．

使ってみよう

(1) Il n'est pas rare que l'hostilité à la publicité mène les militants à la destruction de panneaux publicitaires.
解説：hostile［形容詞］や hostilité［名詞］につづける前置詞は，à のほかに envers が可能です．

(2) Il n'est pas rare que l'opposition aux OGM mène les altermondialistes à l'arrachage de certaines cultures.

語彙を増やそう

抗議する［動詞］protester / 抗議者［名詞］protestataire / 抗議［名詞］protestation (f.)

文法問題

(1) José Bové pense que les OGM sont dangereux pour la santé. Beaucoup de Français pensent comme (lui). ジョゼ・ボヴェは，遺伝子組み換え作物は健康に害を及ぼすと考えています．多くのフランス人が，彼と同じように考えています．

(2) Les Français donnent toujours clairement leur avis, calmement ou avec passion. Pour (eux), c'est tout à fait normal. フランス人は静かにまたは情熱を込めて，いつでも自分の意見をはっきりと述べます．彼らにとって，それはごく当たり前なのです．

4 映画は次々と新しい次元へ

Le cinéma prend de nouvelles dimensions

CD 04

Le 13 mai 2009, s'ouvrait le 62e Festival de Cannes. Ce jour-là, dans la salle de la cérémonie d'ouverture, les participants, très élégamment vêtus de smokings et de robes de soirée, avaient pourtant une drôle de tête. Ils portaient tous, en effet, de curieuses lunettes rouges pour assister à la projection du film d'animation en relief *Là-haut*, des studios Pixar. Peu après, au Japon, on se pressait dans les cinémas, le plus souvent en famille, et équipés des fameuses lunettes, pour voir *Monstres contre Aliens*, *L'âge de glace 3* ou encore *Volt*.

Avec le temps et les nouvelles technologies, de nombreuses améliorations ont été accomplies depuis les débuts du film en relief aux États-Unis en 1922. En premier lieu, porter les lunettes cause moins la nausée. En second lieu, il ne s'agit plus simplement de créer des effets spéciaux par des images surgissant de l'écran mais, plutôt d'augmenter l'illusion de la profondeur de champ de toutes les scènes d'un film. Les couleurs aussi sont de bien meilleure qualité. Ainsi, vu l'engouement des cinéphiles, en

注 （本文には下線を付してあります.）

第1段落

Festival (m.) **de Cannes**：カンヌ映画祭．毎年春に開催される． **vêtu de...**：～を着た． **smoking** (m.)：タキシード．かつてクラブの喫煙室で着用されていたところからこの名がついたとされている． **de robes** (f.) **de soirée**：イブニングドレス．de は前にある vêtu de...（～を着た）の de． **un(e) drôle de...**：奇妙な～． **curieux, curieuse**：奇妙な． **assister à...**：～を見物する． **projection** (f.)：［映画の］投影． **en relief**：立体感のある．ここでは3次元の意味． ***Là-haut***：アニメ映画．日本語タイトルは『カールじいさんの空飛ぶ家』． **Pixar**：ピクサー・アニメーション・スタジオ．映像制作会社． **peu après**：ほとんど間を置かずに．peu には否定のニュアンスがある． **se presser**：［大勢が］ひしめく． **en famille**：家族で． **équipé(e) de...**：～を装備として身に着けて． **fameux, fameuse**：例の． ***Monstres contre Aliens***：『モンスターVS エイリアン』 ***L'âge de glace 3***：『アイスエイジ3ティラノのおとしもの』 ***Volt***：『ボルト』

第2段落

ont été accomplies：動詞 accomplir（成し遂げる）の受動態複合過去形． **en premier lieu**：まず． **causer moins**：より少なく引き起こす，引き起こす量が減る． **nausée** (f.)：吐き気，気持ちの悪さ． **en second lieu**：第2に． **il ne s'agit plus simplement de...**：il s'agit de...（～という点である）に，否定の ne... plus が加わって「もはや～ではないという点である」という意味になっている．そこにさらに ne... plus simplement de..., mais plutôt de...（もはや単に～というのでなく，むしろ～なのだ）という表現が加わっている． **effets** (m.) **spéciaux**：特殊効果． **surgissant de...**：surgir de...（～から飛び出てくる）の現在分詞で，主語は images． **écran** (m.)：スクリーン． **d'augmenter**：d' は，il s'agit de の de に当たる． **profondeur** (f.)：奥行き． **de bien meilleure qualité**：de bonne qualité（質の良い）の bon が比較級 meilleure となり，その比較級が bien で強調されている．形容詞の比較級を強調する時，très は使えない． **vu...**：～のゆえに． **engouement** (m.)：熱狂． **cinéphile**：映画ファン．

France, au Japon, et dans le monde entier, le nombre de salles équipées pour des projections en 3D est monté en flèche.

Le cinéma en 3D ne se limite pas aux films d'animation. Le premier long métrage japonais en relief et en images réelles a été tourné dans la maison hantée d'un parc d'attractions, avec Yûya Yagira, Prix d'interprétation masculine à Cannes en 2004, dans le rôle principal. Et depuis 2009, de nombreux films à grand spectacle en 3D, tels que *Gravity*, *Avatar* ou *The Walk*, parmi les plus impressionnants, ont remporté un succès considérable.

Mais l'industrie du cinéma doit sans cesse innover pour continuer à captiver et satisfaire son public. La tendance actuelle est d'ajouter, en plus de la 3D, des effets spéciaux dits « immersifs », en fonction des scènes apparaissant à l'écran : sensation de pluie qui tombe, odeur d'une forêt ou de la mer, souffle du vent... Les voix des acteurs et les bruitages se déplacent intelligemment parmi les différents haut-parleurs de la salle, apportant aux images un réalisme spectaculaire. Et lorsqu'en plus, les fauteuils se mettent à vibrer à l'instant opportun, c'est la garantie de moments remplis d'émotions.

le monde entier：世界中．tout le monde（全員）と混同されることが多いので注意．
équipé(e)：設備を備えた．**en 3D**：３次元の．**monter en flèche**：急上昇する．

第３段落

se limiter à...：〜に限る．**long métrage** (m.)：長編映画．**en images réelles**：実写版で．**a été tourné**：tourner（撮影する）の受動態複合過去形．**maison** (f.) **hantée**：お化け屋敷．**parc** (m.) **d'attractions**：遊園地．**Yûya Yagira**：柳楽優弥（俳優）．**Prix d'interprétation masculine**：主演男優賞．柳楽優弥は史上最年少の14歳でカンヌ映画祭の主演男優賞を受賞した．**Cannes**：ここではカンヌ映画祭を指す．**rôle** (m.) **principal**：主演．**tel(le) que...**：〜のような．***Gravity***：『ゼロ・グラビティ』 ***Avatar***：『アバター』 ***The Walk***：『ザ・ウォーク』 **remporter**：もたらす．**considérable**：大きな．

第４段落

sans cesse：絶え間なく．**innover**：新しいことを試みる．**captiver**：とらえる．**en plus de...**：〜に加えて．**immersif, immersive**：ここでは，自分がその現場にいるような臨場感を与えることを指す．**en fonction de...**：〜に合わせて．**apparaissant**：動詞 apparaître の現在分詞で，主語は scènes．**odeur** (f.)：匂い．**souffle** (m.)：風の一吹き．**bruitage** (m.)：背景音．**se déplacer**：移動する．**haut-parleur** (m.)：ラウドスピーカー．**se mettre à +不定詞**：〜し始める．**opportun(e)**：ちょうどいい時に．

Le cinéma ne cesse d'évoluer. Pour sûr, celui de demain nous réserve encore de grandes et belles surprises.

4D et immersif
https://www.youtube.com/watch?v=fpYNIn1tX1U&frags=pl%2Cwn

文を分解する

以下は，本文からの抜粋です．この長い文を前から順番に分解しながら，意味をとる練習をしましょう．

Le premier long métrage japonais en relief et en images réelles a été tourné dans la maison hantée d'un parc d'attractions, avec Yûya Yagira, Prix d'interprétation masculine à Cannes en 2004, dans le rôle principal.

(1) 上の文で，活用している動詞に下線を引きましょう．

(2) 下線を引いた動詞の前の部分は，長い主語です．中心となる名詞（ここでは複合名詞）を線で囲みましょう．

第５段落

évoluer：進化する．　**Pour sûr**：確かなこととして．　**celui**：cinéma を指す指示代名詞．

---

(3) 上で見つけた名詞を修飾している表現は，いくつありますか．中心となる名詞とその修飾部分を合わせて，主語部分の意味をとりましょう．

意味①　（　　　　　　　　　　　　　　　　）長編映画は，

(4) 活用している動詞から，次のカンマまでを一区切りとします．動詞の後にある部分が，{場所・時・原因・結果・目的}のどれを表すかを考えて，この区切りの意味をとります．

意味②　（　　　　　　）で，（　　　　　　）されました．

(5) 残りの部分は avec で始まりますが，この avec は「～と一緒に」と訳するのではなく，次の形式にあてはめて意味をとりましょう．

意味③　そして2004年のカンヌ映画祭で（　　　　　　　　　　）が，主役を務めたのです．

(6) 上で記入した**意味**①～③を続けて読んでみましょう．

使ってみよう

モデル文（本文からの抜粋.）

Ce jour-là, dans la salle de la cérémonie d'ouverture, les participants, très élégamment vêtus de smokings et de robes de soirée, avaient pourtant une drôle de tête.

「～の時, ○○は△△だったが, ××は～だったのである」(主語, 主語を修飾する句, 動詞＋ pourtant ＋ ...) の構文を使って作文しましょう.

(1) カンヌ映画祭の間, 俳優たちは上映会でとても忙しいのですが, 数多くのインタビューに答える時間を作っています.

ヒント：～で忙しい occupé par..., 上映会 séance (f.) de projection, ～する時間を作る prendre le temps de..., インタビュー interview (f.)

__________________, les acteurs, 主語の修飾句 __________________,

prennent pourtant __________________.

(2) 今では観客たちは, すでに何年も前から３次元の映像に慣れてはいるのですが, immersifs と呼ばれる特殊効果のおかげで, まったく新しい何かを発見しているという印象を持っています.

ヒント：何年も des années (不定冠詞複数形 des を用いる), ～に慣れている habitué à..., ～という印象を持つ avoir l'impression de..., ～な何か quelque chose de..., まったく tout à fait, ～のおかげで grâce à...

______________, les spectateurs, 主語の修飾句 ______________, ont

pourtant l'impression de ______________ grâce aux ______________.

語彙を増やそう

日　本　語	フランス語
映画［名詞］	cinéma (m.)
映画監督［名詞］	
映画の［形容詞］	

文法 非人称表現

形式上の主語となる非人称 il は，次のような場合に使われます．

① 時刻を表す場合

Il est sept heures. La dernière séance commence.　7時です．最終回が始まります．

② 天候を表す場合

Il fait froid et il pleut en plus. Alors on va au cinéma ?　寒いし，雨も降っているから，映画に行きましょうか？

③ 存在の表現，必要・禁止の表現

Il y a 300 spectateurs dans la salle.　室内には300人の観客がいます．

Il ne faut pas bavarder pendant la séance.　上映中はおしゃべりをしてはいけません．

④ 「Il est ＋形容詞＋ que...（de 不定詞）」の構文

Il est certain que le cinéma de demain nous réserve de grandes surprises.
明日の映画が大きな驚きを私たちに準備してくれていることは，確かです．

⑤ 成句

Il ne s'agit plus simplement de créer des effets spéciaux.（本文抜粋）

文法問題

非人称表現を使って文を完成させましょう．

(1) 3D の映画を見るためには，特別なめがねをかけなければなりません．

(　　　　　　　　　　) pour regarder un film en 3D.

(2) 映画館には，時にはうるさい観客がいて，みんなの迷惑になっています．

Au cinéma, (　　　　　　　　　　) qui dérangent tout le monde.

ヒント：時には parfois, うるさい bruyant

(3) 映画館の室内で喫煙することは禁止です．（Il ne faut pas 以外の表現を使いましょう．）

(　　　　　　　　　　) dans les salles de cinéma.

ヒント：禁止である interdit

本文の和訳

2009年５月13日，第62回カンヌ映画祭が開幕していました．その日開会式の会場にタキシードやイブニングドレスを優雅に着こなした参加者たちがいましたが，その頭［の部分］は奇妙でした．実際は彼らは皆，変な赤いめがねをかけて，ピクサー・スタジオの３次元アニメ映画『カールじいさんの空飛ぶ家』を見ていたのです．それからほとんど間を置かずに日本では，映画館の中で人々がひしめきあっていました．その多くが家族づれで，例のめがねをかけて，『モンスターVSエイリアン』『アイスエイジ３ティラノのおとしもの』または『ボルト』を見ていたのです．

時［の経過］と新しい技術のおかげで，1922年のアメリカでの３次元映画の登場以降，数多くの改良が成し遂げられました．まず最初［の改良点］は，めがねをつけていても，気持ちの悪さが減った点です．第２に［あげられるのは］，もはや単にスクリーンから飛び出てくる映像によって特殊効果を出すというのではなく，むしろ映画のすべての場面においてその場に奥行きを感じさせるという錯覚を強めているという点です．色彩も，ずっと良い品質になっています．このようにして，フランス，日本，そして世界中の映画ファンの熱狂に後押しされ，３次元投影のための設備を備えた映画館の数は急増しました．

３次元映画は，アニメ作品に限られているわけではありません．日本が制作した初めての３次元実写版の長編映画は，遊園地のお化け屋敷で，撮影されました．そして2004年のカンヌ映画祭で主演男優賞を受賞した柳楽優弥が，主役を務めたのです．そして2009年以降は，数多くの３次元大スペクタクル映画が大きな成功をもたらしました．もっとも印象に残るそのような映画の中からは，『ゼロ・グラビティ』『アバター』『ザ・ウォーク』があげられます．

でも映画業界は，絶え間なく新しい試みを行って，観客の心を捕え，満足させつづけなければなりません．最近の傾向は，３次元に，immersif［臨場感を与える］と呼ばれる特殊効果を加えることです．画面に現れる場面に合わせ［た特殊効果］，降っている雨の感覚，森や海の匂い，風のそよぎが実現されるのです．俳優の声や背景音が，部屋の異なるラウドスピーカーからラウドスピーカーへと巧妙に移動するので，驚くべき現実味を映像に与えます．さらに，最適のタイミングで椅子が振動を始めるとなると，興奮でいっぱいのひと時になること請け合いです．

映画は進化することを止めません．明日の映画がもっと大きく素晴らしい驚きを私たちに準備してくれていることは，確かです．

正解と解説

文を分解する

(1) a été tourné

(2) long métrage

(3) premier, japonais, en relief, en images réelles の４つの要素が，中心名詞 long métrage を修飾しています．

意味① （日本が制作した初めての３次元実写版の）長編映画は，

(4) 「場所」を表しています．

意味② （遊園地のお化け屋敷）で，（撮影）されました．

(5) **意味③** そして2004年のカンヌ映画祭で（主演男優賞を受賞した柳楽優弥）が，主役を務めたのです．

使ってみよう

(1) (Pendant le Festival de Cannes), les acteurs, (très occupés par les séances de projection), prennent pourtant (le temps de répondre à de nombreuses interviews).

(2) (Aujourd'hui), les spectateurs, (déjà habitués aux images en relief depuis des années), ont pourtant l'impression de (découvrir quelque chose de tout à fait nouveau) grâce aux (effets spéciaux dits immersifs).

解説：「〜な何か」は「quelque chose de ＋形容詞」という形です．

語彙を増やそう

映画［名詞］cinéma (m.) / 映画監督［名詞］cinéaste / 映画の［形容詞］cinématographique

文法問題

(1) (Il faut porter des lunettes spéciales) pour regarder un film en 3D.

(2) Au cinéma, (il y a parfois des spectateurs bruyants) qui dérangent tout le monde.

(3) (Il est interdit de fumer) dans les salles de cinéma.

5

ガボン共和国とフランス

Le Gabon et la France

CD 05

Omar Bongo a été président du Gabon pendant quarante et un ans, jusqu'à sa mort, le 8 juin 2009, à l'âge de 73 ans. Lorsqu'il est devenu président de son pays en 1967, il avait à peine 32 ans. Ayant supprimé le multipartisme en 1968, il a été réélu trois fois de suite sous le régime du parti unique, élections remportées avec plus de 99 % des voix puisqu'il était le seul candidat en lice. Puis, après la restauration du multipartisme en 1990, il a encore été réélu trois fois de suite, dans des élections enfin concurrentielles, avec respectivement 61 %, 56 % et 79 % des suffrages. Au moment de son décès, il était dans son septième mandat. Pour avoir, pendant toute sa présidence, mené la politique de son pays de façon très directive dans le monopartisme comme dans le pluripartisme, Omar Bongo est souvent perçu comme un dictateur.

Il y a quatre grandes ethnies au Gabon mais le pays est remarquablement stable, ce qui est assez unique sur un continent africain ravagé par les conflits ethniques. Le Gabon est aussi

注（本文には下線を付してあります.）

第1段落

Omar Bongo：オマール・ボンゴ (1935-2009). **Gabon**：ガボン共和国. アフリカ中部にあり，面積は日本の約3分の2. 1960年にフランスから独立した. **à peine...**：わずか〜 **Ayant supprimé**：動詞 supprimer（廃止する）の現在分詞複合形. 主語は il（ボンゴ氏）で，「彼は多党制を廃止した後に」という意味になる. **multipartisme** (m.)：多党制. **a été réélu**：動詞 réélire（再選する）の受動態複合過去. **...de suite**：続けて〜. **sous le régime du parti unique**：一党体制のもとで. **remportées**：動詞 remporter（勝利する）の過去分詞で élections を修飾している. **voix** (f.)：票. **puisque...**：〜である以上（既知，または明白な理由を示す）. **en lice**：戦い・競争の場において. **restauration** (f.)：復旧. **concurrentiel, concurentielle**：競争がある. **respectivement**：それぞれ. **suffrage** (m.)：投票. **décès** (m.)：死. **mandat** (m.)：任期. **Pour avoir mené**：この pour は後ろに「理由」をともなっている（〜なので）. avoir mené は不定詞複合形（助動詞の不定詞＋過去分詞）で，間に pendant toute sa présidence が挿入されている. **directif, directive**：強圧的な，専制的な. **monopartisme** (m.)：一党制. **pluripartisme** (m.)：多党制. **perçu(e)**：認識されている. **dictateur** (m.)：独裁者.

第2段落

ethnie (f.)：民族. **remarquablement**：著しく. **ce qui...**：これは〜なことである. **unique**：特異な. **ravagé(e) par...**：〜によって荒廃した. **conflit** (m.) **ethnique**：民族紛争.

considéré aujourd'hui comme l'un des pays les plus prospères d'Afrique subsaharienne. Cette prospérité s'explique surtout par un nombre d'habitants relativement bas (2 120 000) et des ressources naturelles abondantes. Cependant, la pauvreté touche encore une grande partie de la population.

Ancienne colonie française, le Gabon a obtenu son indépendance en 1960. Néanmoins, Omar Bongo a su conserver des relations étroites et durables avec la France. Intéressée par le pétrole gabonais, celle-ci a toujours soutenu Omar Bongo et a assuré, même militairement, son maintien au pouvoir dans les moments les plus difficiles. Parallèlement, Omar Bongo aurait profité de cette dépendance pétrolière de la France pour s'immiscer dans ses affaires politiques. On dit par exemple que, par l'intermédiaire d'Elf, grande compagnie pétrolière française opérant en Afrique, le président gabonais aurait financé, entre autres, les partis politiques de Jacques Chirac et de Nicolas Sarkozy.

Mais de nos jours, la production d'or noir gabonais est en déclin. Estimée en 1997 à 18,45 millions de tonnes, elle a baissé régulièrement avant de se stabiliser, depuis 2002, à un faible

prospère：繁栄している．**subsaharien, subsaharienne**：サハラ砂漠より南の．**prospérité** (f.)：繁栄．**s'expliquer par...**：～によって説明がつく．**relativement**：比較的．**ressources** (f.) **naturelles**：天然資源．**toucher...**：～を苦しませている．

第3段落

ancienne colonie (f.)：旧植民地．**Néanmoins**：それにもかかわらず．**a su**：動詞savoirの複合過去．「savoir＋不定詞」は「～できる，～する能力がある」の意味．**étroit(e)**：密接な．**durable**：持続可能な．**Intéressée par...**：～に興味を持っている．Franceを修飾しているので -eの一致がある．**celle-ci**：フランスを指す．**a soutenu**：動詞soutenir（支持する）の複合過去形．**même**：形容詞ではなく，副詞のmême（～さえ，～すら）．**maintien** (m.)：保持．**au pouvoir**：権力の座に．**Parallèlement**：それと並行して．**aurait profité de...**：profiter de...（～を利用する）の条件法過去形．過去の物事に関して伝聞・推測を述べているので条件法過去形が使われている．**s'immiscer dans...**：～に介入する．**affaires** (f.) **politiques**：政治．sesは「フランスの」の意味．**On dit que...**：～らしい．**par l'intermédiaire de...**：～の仲介で．**Elf**：石油関連会社エルフ・アキテーヌ．2000年にトタル社に吸収合併された．**opérant**：opérer（事業展開する）の現在分詞．主語はgrande compagnie pétrolière française．**aurait financé**：financer（資金供与する）の条件法過去形（伝聞・推測を表す）．**Jacques Chirac**：ジャック・シラク．元フランス大統領（任期は1995～2007）．**Nicolas Sarkozy**：ニコラ・サルコジ．元フランス大統領（任期は2007～2012）．

第4段落

de nos jours：今日では．**or** (m.) **noir**：「黒い金《きん》」．ここでは石油を指す．**déclin** (m.)：衰退．**Estimée...**：～と見積もられた．この文の主語elleを修飾する．**elle**：production d'or noir gabonaisを指す．**avant de...**：～する前に．**faible**：低い．

niveau. Heureusement, le pays possède d'autres ressources naturelles comme le fer, l'or, le diamant, le niobium, les phosphates et le manganèse. Pour diversifier ses partenaires, le gouvernement gabonais s'ouvre de plus en plus à la Chine qui a obtenu, par exemple, les droits d'exploitation d'un important gisement de fer en contrepartie de la construction d'un chemin de fer, d'un port et d'une centrale hydraulique.

文を分解する

以下は，本文からの抜粋です．この長い文を前から順番に分解しながら，意味をとる練習をしましょう．

Pour diversifier ses partenaires, le gouvernement gabonais s'ouvre de plus en plus à la Chine qui a obtenu, par exemple, les droits d'exploitation d'un important gisement de fer en contrepartie de la construction d'un chemin de fer, d'un port et d'une centrale hydraulique.

(1) 上の文において，活用している動詞のうち，最初のものに下線をつけましょう．そして，その主語をかっこで囲みます．

(2) １番で記入したかっこの前までを，最初の区切りとします．この最初の区切りは，次のどれを表していますか．

場所・時・原因・目的・手段

niobium (m.)：ニオブ，ニオビウム．希少金属の一種． **phosphate** (m.)：リン酸塩． **manganèse** (m.)：マンガン． **diversifier**：多様化させる． **partenaire**：取引相手． **s'ouvrir**：門戸を開く． **exploitation** (f.)：開発． **gisement** (m.)：鉱脈． **en contrepartie de...**：その代わりに． **centrale** (f.) **hydraulique**：水力発電所．

Bongo et la politique fçse
https://www.youtube.com/watch?v=BGYsYgGQXEE&frags=pl%2Cwn

そして，この部分の意味をとりましょう．

意味①　(　　　　　　　　　　)ために，

(3)　かっこをつけた主語から，関係代名詞 qui の前までを２番目の区切りとし，意味をとりましょう．

意味②　(　　　　　　　　　　)ています．

(4)「主語 qui ＋動詞とその目的語」を３番目の区切りとします．下の最初のかっこに qui が指し示すものを入れて，この部分の意味をとりましょう．

意味③　(　　　　　)は，例えば(　　　　　　　　　　)ました．

(5)　最後の部分を，下の形式に当てはめて意味をとりましょう．名詞 construction は，「～する」と動詞に直して解釈します．

意味④　その見返りとして中国は，(　　　　　)，(　　　　　)，
(　　　　　)を(　　　　　)することになったのです．

(6)　上で記入した**意味①～④**を続けて読んでみましょう．

使ってみよう

モデル文（本文からの抜粋.）

Cette prospérité s'explique surtout par un nombre d'habitants relativement bas.

「○○は，もっぱら△△によって説明がつく」(... s'explique surtout par...) の構文を使って作文しましょう.

(1) 大統領の政党が選挙で勝利したのは，もっぱら他政党が禁止されたことによって説明がつきます.（フランス語は，「大統領の政党の選挙での勝利は，もっぱら他政党の禁止によって説明がつく」という構造にしてください.）

La victoire ________________ s'explique surtout par l'interdiction ________________.

(2) オマール・ボンゴの独裁に関するフランス首脳陣の沈黙は，いくつかのフランスの政党に対する彼の寄付によって，もっぱら説明がつきます.

ヒント：首脳陣 dirigeants (m.)，寄付 don (m.)

Le silence ________________ s'explique surtout par ses dons ________________.

語彙を増やそう

日　本　語	フランス語
大統領［名詞］	président (m)
大統領の職［名詞］	
大統領の［形容詞］	
大統領選挙［名詞］	
議長を務める［動詞］	

文法　代名動詞　現在形

主語に合わせて再帰代名詞が変わります.
活用例 **s'expliquer**（自分の意見を説明する）

je	m'explique	nous	nous expliquons
tu	t'expliques	vous	vous expliquez
il	s'explique	ils	s'expliquent
elle	s'explique	elles	s'expliquent

代名動詞の意味は主に①〜③があります.

① 自分自身に対して何かを行う場合.（再帰的用法）
Le chien se regarde dans le miroir. 犬が自分自身［の姿］を鏡で見ている.
Le gouvernement gabonais s'ouvre de plus en plus à la Chine. ガボン政府は中国に向かって着々と門戸を開いています.

② 相互に同じことを行う場合.（相互的用法）
Ils se téléphonent. 彼らはお互いに電話をかけ合っています.

③ 受け身になる場合.（受動的用法）
Cette prospérité s'explique surtout par un nombre d'habitants relativement bas. この繁栄は，比較的人口が少ないことによって，特に説明がなされます［説明がつきます］.

上記①〜③で説明がつかないもの，代名動詞としてしか存在しないもの（例：s'immiscer 介入する）もあります.

文法問題

s'associer，s'efforcer，se maintenir から適切な代名動詞を選んで，かっこに入れましょう.

(1) Au Gabon, la production de pétrole (　　　　　) à un faible niveau.
(2) Les Gabonais (　　　　　) avec les Chinois pour exploiter un gisement de fer.
(3) Aujourd'hui, le Gabon (　　　　　) de trouver de nouveaux partenaires pour relancer son économie.

本文の和訳

オマール・ボンゴ氏は，2009年6月8日73歳で死亡するまでの41年間，ガボン大統領でした．1967年に自国の大統領になったとき，彼は弱冠32歳でした．1968年に多党制を廃止した後，一党体制の元で3期連続で再選されましたが，選挙戦における唯一の候補であったので，99% 以上の得票で選挙を勝利しました．次に，1990年に多党制が復旧した後，ボンゴ氏はやっと競争がある状態となった選挙においても，3期連続で再選されました．それぞれ投票で61%，56%，79% の得票率でした．死亡時，かれは7回目の任期の途中でした．その大統領の任期全体にわたり，一党制であれ多党制であれ，とても専制的なやり方で国政を先導したため，オマール・ボンゴはしばしば独裁者として認識されています．

ガボンには4つの大きな民族が存在しますが，この国は驚くほど安定しており，これは民族紛争に見舞われているアフリカ大陸においてはかなり珍しいことです［注：ボンゴ大統領在任当時の状況です］．ガボンは今日，サハラ以南のアフリカではもっとも繁栄している国のひとつとされています．この繁栄は，比較的人口が少ないこと（212万人），そして豊富な天然資源があることによって，特に説明がつきます．しかしながら，国民の多くは依然として貧困に苦しんでいるのです．

フランスの旧植民地であるガボンは，1960年に独立を獲得しました．［しかし独立したにも］かかわらず，オマール・ボンゴはフランスと密接で持続可能な関係を維持する術を知っていました．ガボンの石油に興味を持つフランスは，常にオマール・ボンゴを支持し，彼がもっとも難しい状況にあった時には，彼が権力の座に留まれるように軍事的に支えさえしたのです．これと並行してオマール・ボンゴは，フランスがガボンの石油に依存していることを利用し，フランスの政治に介入したらしいのです．例えば，アフリカで事業展開するフランスの巨大石油会社エルフの仲介により，ボンゴ大統領はジャック・シラクやニコラ・サルコジの政党などに資金を供与していたと噂されています．

しかし今日，ガボンの黒い金《きん》［石油］の生産は，減少しています．1997年に1845万トンに見積もられていた生産量は，規則的なテンポで減少し，2002年以降は低いレベルに留まっています．幸いなことに，この国は他の天然資源も有しています．鉄，金，ダイヤモンド，ニオブ，リン酸塩，そしてマンガンなどです．そして，いろいろな国と貿易を行うために，ガボン政府は中国に向かって着々と門戸を開いています．中国は，例えば大規模な鉄の鉱脈を開発する権利を手に入れました．その見返りとして中国は，鉄道，港，水力発電所を建設することになったのです．

正解と解説

文を分解する

(1) Pour diversifier ses partenaires, (le gouvernement gabonais) s'ouvre

(2) 目的

意味① (いろいろな国と貿易を行う) ために，

(3) **意味②** (ガボン政府は中国に向かって着々と門戸を開い) ています．

(4) **意味③** (中国) は，例えば (大規模な鉄の鉱脈を開発する権利を手に入れ) ました．

(5) **意味④** その見返りとして中国は，(鉄道)，(港)，(水力発電所) を (建設) することになったのです．

使ってみよう

(1) La victoire (aux élections du parti du président) s'explique surtout par l'interdiction (des autres partis politiques).

(2) Le silence (des dirigeants français sur la dictature d'Omar Bongo) s'explique surtout par ses dons (à certains partis politiques français.)

語彙を増やそう

大統領［名詞］président (m.) / 大統領の職［名詞］présidence (f.) / 大統領の［形容詞］présidentiel / 大統領選挙［名詞］présidentielle (f.) / 議長を務める［動詞］présider

文法問題

(1) Au Gabon, la production de pétrole (se maintient) à un faible niveau.　ガボンでは，石油の生産は低いレベルに留まっています．

解説：se maintenir 保たれる，留まる

(2) Les Gabonais (s'associent) avec les Chinois pour exploiter un gisement de fer.　ガボン［の人たち］は中国［の人たち］と一緒になって，鉄の鉱脈を開発しています．

解説：s'associer avec... ～と一緒になる

(3) Aujourd'hui, le Gabon (s'efforce) de trouver de nouveaux partenaires pour relancer son économie.　今日ガボンは，新しいパートナーを見つけて，経済を再び勢いづかせようと努力しています．

解説：s'efforcer de... ～しようと努力する，relancer 再び勢いづかせる

6

農業は，あいかわらずの危機状態

Agriculture : c'est toujours la crise

CD 06

La France est le premier pays agricole de l'U.E., sa production représentant environ 17 % du total européen. Elle est le troisième pays au monde pour l'exportation de produits agricoles. La surface des terres cultivées occupe un peu plus de la moitié de son territoire, et son taux d'autosuffisance sur une base calorique atteint 127 %. Au Japon, ce même taux n'est que de 38 % (2017) et le déclin de l'agriculture est un sujet de préoccupation constant.

Pourquoi l'agriculture japonaise n'est-elle pas compétitive ? Une des raisons est sans doute qu'elle tarde à muter vers les grandes exploitations. La surface moyenne cultivée par exploitation ici est de 1,8 hectares contre plus de 60 hectares en France. Les fermiers japonais sont traditionnellement réticents à vendre leurs terres, espérant qu'elles prendront plus de valeur dans le temps. De plus, grâce à l'automatisation des tâches et à l'emploi de produits phytosanitaires performants, le temps de travail consacré aux champs s'est considérablement réduit, ce qui

注（本文には下線を付してあります.）

第1段落

agricole：農業の. **U.E.**：Union européenne 欧州連合. **représentant**：動詞 représenter（占める）の現在分詞. 主語は sa production. **total** (m.)：全体. **surface** (f.)：面積. **terre** (f.) **cultivée**：耕作地. **territoire** (m.)：領土. **taux d’autosuffisance**：食料自給率. **base** (f.) **calorique**：カロリーベース. **atteint**：動詞 atteindre（達する）の現在形. **de 38 %**：être のあとにパーセンテージなどの数値をつづける場合は, 数値の前に de を入れる. **déclin** (m.)：衰退. **préoccupation** (f.)：心配事. **constant(e)**：絶えざる.

第2段落

compétitif, compétitive：競争力がある. **tarder + à + 不定詞**：～するのが遅れる. **muter**：転換する. **grande exploitation** (f.)：大規模経営. **est de 1,8 hectares**：être の後に数値が続いているので de が入っている. **réticent(e)**：ためらいがちな. **espérant**：動詞 espérer（期待する）の現在分詞. 主語は les fermiers japonais. **dans le temps**：時が経って. **tâche** (f.)：仕事. **emploi** (m.)：利用. **produit** (m.) **phytosanitaire**：植物を健康に育て, 病害虫から守るための薬品. **performant(e)**：性能が良い. **consacré(e) à...**：～に費やす. **s’est considérablement réduit**：動詞 se réduire（縮小する）の過去分詞の前に, 副詞 considérablement（大いに）が挿入されている.

encourage les agriculteurs japonais à exercer une double activité. Ainsi, plus de 60 % d'entre eux tirent la majorité de leurs revenus d'occupations non agricoles. Voilà une raison supplémentaire qui explique que l'agriculture en grandes exploitations est difficilement envisageable au Japon. En France, la majorité des agriculteurs, plus de 80 %, n'ont pas de métier secondaire.

La fragilité des exploitants japonais est probablement aussi due au fait que les aides financières accordées sont moins élevées qu'en Europe. De fait, l'U.E. consacre environ 40 % de son budget à des subventions agricoles bien que les agriculteurs ne représentent que 3 % de la population active européenne, et la France reçoit près du quart de ces subventions. Les subventions publiques représentent pratiquement 80 % du revenu d'un agriculteur français. Ce taux est beaucoup moins important au Japon, où l'on considère généralement que la faiblesse des subventions favorise une meilleure compétitivité.

La situation des agriculteurs français n'est pourtant pas idyllique et la part de l'agriculture dans l'économie a fortement baissé. En quelques décennies, le nombre de fermes a chuté de 50 %. Bien que les exploitations françaises soient plus grandes

encourager + 人 + à + 不定詞：誰々が〜することを助長する． **exercer**：実行する． **double activité** (f.)：ここでは農家が兼業することを指す． **d'entre eux**：「〜のうちの」の「〜」の部分に人称代名詞強勢形が入る場合は，de のあとに entre を入れて強勢形を続ける．普通名詞の場合は de + les Japonais = des Japonais（日本人のうちの）のように entre は不要． **tirer A de B**：B から A を引きだす．ここでは B は des occupations non agricoles．この不定冠詞 des の前に，前置詞 de（〜から）が置かれることになるので，de + des が de となり，さらにエリジョンがかかって d' となっている． **supplémentaire**：追加の． **difficilement...**：〜は難しい． **envisageable**：可能な．

第３段落

fragilité：弱さ． **exploitant(e)**：経営者． **être dû / due à...**：〜を原因とする．ここでは dû が fragilité (f.) に一致して due になっている．女性形 due にはアクセント記号はない． **aide** (f.)：援助． **accordées**：動詞 accorder（与える）の過去分詞．aides を修飾している． **élevé(e)**：高い． **De fait**：実際に． **budget** (m.)：予算． **subvention** (f.)：補助金． **bien que...**：〜であるにもかかわらず．接続法が続く． **agriculteur, agricultrice**：農家． **population** (f.) **active**：労働力人口． **quart** (m.)：４分の１． **public, publique**：公的な． **revenu** (m.)：収入． **taux** (m.)：率． **beaucoup moins important**：ここでの important の意味は「大きい」．比較級 moins important は très では強調できず，beaucoup などで強調する． **faiblesse** (f.)：［金額の］低さ． **favoriser**：促進する．

第４段落

idyllique：のどかな，のんびりした． **fortement**：大幅に． **baisser**：下落する． **En quelques décennies**：わずか数十年で．「en ＋時間」で「〜の時間をかけて」の意味．quelques には「少ない」というニュアンスがある． **a chuté de 50 %**：増減を表す動詞の後に数値を続ける場合は，その前に de を入れる．

qu'au Japon, elles sont plus petites que dans la plupart des autres pays d'Europe et donc moins compétitives.

Que ce soit en France ou au Japon, les sujets d'inquiétude restent nombreux et l'agriculture semble toujours en crise.

famille d'agriculteurs en crise
https://www.youtube.com/watch?v=goDtSLg2iSM&frags=pl%2Cwn

文を分解する

以下は，本文からの抜粋です．この長い文を前から順番に分解しながら，意味をとる練習をしましょう．

De plus, grâce à l'automatisation des tâches et à l'emploi de produits phytosanitaires performants, le temps de travail consacré aux champs s'est considérablement réduit, ce qui encourage les agriculteurs japonais à exercer une double activité.

(1) 上の文を，カンマを目印として４分割しましょう．

(2) ４分割した「１番目＋２番目」についてです．grâce à（～のおかげで）には，どの名詞がつながっているのかを考えてから，この部分の意味をとりましょう．

意味① さらに（　　　　　　）と（　　　　　　）のおかげで，

第5段落

Que ce soit... ou...：〜であろうと，〜であろうと．　**inquiétude** (f.)：心配．　**en crise**：危機的状況にある．

⑶　4分割した3番目の部分についてです．まず動詞部分に下線を引きましょう．次に主語をかっこで囲み，その中で中心となる名詞に下線を引きます．そして，この部分の意味をとりましょう．

意味②　（　　　　　）は，（　　　　　）ました．

⑷　4分割した4番目の部分についてです．「encourager + 人 + à + 不定詞」（誰々が〜することを助長する）の，「人」と「不定詞」にあたる部分に下線を引きましょう．そして，ce qui...（このことが，〜です）の構造に合わせて，意味をとります．

意味③　このことが，（　　　　　）が（　　　　　）ことを助長したのです．

⑸　上で記入した**意味①〜③**を続けて読んでみましょう．

使ってみよう

モデル文（本文からの抜粋）

La France est le premier pays agricole de l'U.E., sa production représentant environ 17 % du total européen.

この文の sa production... du total européen は，主節の主語 (La France) とは異なる独自の主語 (sa production) をもつ現在分詞の構文です．「○○は△△である．××は～なのだから.」の「××は～なのだから」の部分に独自の主語を持つ現在分詞を使って作文しましょう．

(1) フランスの農業経営は，ヨーロッパにおいてはあまり競争力がありません．その規模は，ヨーロッパの主な国々のそれ［規模］よりも小さいのですから．

ヒント：規模 taille (f.)，主な principal(e)，「～のそれ」には「指示代名詞 (celui / celle / ceux / celles) de...」の表現を使いましょう．現在分詞に使う動詞は être です．

Les exploitations françaises ne sont pas très compétitives en Europe,

＿＿＿＿＿＿＿＿＿＿＿＿＿＿＿＿＿＿＿＿＿＿＿＿＿＿＿＿＿＿.

(2) 日本で大規模経営の発展は，実現が簡単ではありません．農家はしばしば第二の職業を持っているのですから．

ヒント：現在分詞に使う動詞は avoir です．

Au Japon, le développement des grandes exploitations n'est pas facile à réaliser, ＿＿＿＿＿＿＿＿＿＿＿＿＿＿＿＿＿＿＿＿＿＿＿＿.

語彙を増やそう

日　本　語	フランス語
農業［名詞］	agriculture (f.)
農家［名詞］	
農業の［形容詞］	

文法　形容詞の比較級

① 形容詞の比較級は，次のように作ります．形容詞部分は一致が必要です．

より〜な	**plus** ＋形容詞
同じぐらい〜な	**aussi** ＋形容詞
より〜ではない	**moins** ＋形容詞

例：(本文から)
Les exploitations françaises sont plus grandes qu'au Japon.
Les exploitations françaises sont moins compétitives. (ヨーロッパの中では)

② 形容詞 bon は「より良い」だけ特別な形にします．meilleur(e)(s) も一致が必要です．

より良い　meilleur
同じくらい良い　aussi bon
より良くない　moins bon

例：(本文から)
La faiblesse des subventions favorise une meilleure compétitivité.

文法問題

文の意味を考えて，かっこ内の形容詞を適切な比較級に直しましょう．

(1) Les aides financières aux agriculteurs sont (élevé) au Japon qu'en Europe.

(2) La surface moyenne cultivée par un agriculteur est (petit) au Japon qu'en France.
ヒント：moyen，moyenne 平均の

本文の和訳

フランスは，EU においては第一の農業国で，その生産は EU の全体の約17% を占めます．世界では，農業製品の輸出に関して第３番目の国です．耕作

地の面積は国土の半分を少し上回り，カロリーベースでの食料自給率は127%に達しています．日本では，この［食糧自給］率は38%でしかなく（2017年），農業の衰退は絶えざる心配の種となっています．

日本の農業には，なぜ競争力が無いのでしょうか．その理由のひとつは，おそらく大規模経営への転換が遅れているからでしょう．ここ［日本］では農業経営による耕作地の平均面積が1.8ヘクタールであるのに対し，フランスでは60ヘクタール以上となっています．日本の農家は伝統的に自分たちの土地を売るのをためらいがちで，時が経ってもっと［土地の］価値が上がることを期待するのです．さらに仕事の機械化と性能の良い植物用の薬品のおかげで，畑仕事で費やす時間はかなり短縮され，このことが日本の農家が兼業を行うことを助長したのです．こうして彼らの60%以上が，収入の大部分を農業以外の仕事から得ています．これが，日本で大規模経営の実現可能性が低い理由のひとつとして加わっています．フランスでは農家の大部分，80%以上が第二の職業を持っていません．

日本の［農業］経営者の弱さは，おそらく受け取る補助金がヨーロッパと比較するとより安いことも原因となっています．実際にEUはその予算の約40%を農業補助金に費やしていますが，農家はヨーロッパの労働力人口の３%に過ぎない上に，フランスはこの補助金の４分の１近くを受け取っているのです．フランスの農家の収入のほぼ80%が公的補助金で占められているのです．この割合は日本でははるかに低くなっており，日本では一般的に，補助金が低ければより良い競争が促進されると考えられています．

しかしながらフランスの農家の状況も楽観的ではなく，経済に農業が占める割合は大幅に下落しました．わずか数十年の間に，農場の数は50%も減りました．フランスの農業経営者［の規模］は日本よりは大きいのですが，ヨーロッパの他の国々の大部分よりは［規模が］小さいのです．したがって，競争力はより弱いのです．

フランスにせよ日本にせよ，心配の種は数多くあり，農業は常に危機的状況にあるようです．

正解と解説

文を分解する

(1) De plus, / grâce à l'automatisation des tâches et à l'emploi de produits phytosanitaires performants, / le temps de travail consacré aux champs s'est considérablement réduit, / ce qui encourage les agriculteurs japonais à exercer une double activité.

(2) grâce à には，automatisation と emploi という２つの名詞がつながっています．
意味①　さらに（仕事の機械化）と（性能の良い植物用の薬品利用）のおかげで，

(3) (le temps de travail consacré aux champs) s'est considérablement réduit
意味②　（畑仕事で費やす時間）は，（かなり短縮され）ました．

(4)「人」は les agriculteurs japonais,「不定詞」は exercer. **意味③**　このことが，（日本の農家）が（兼業を行う）ことを助長したのです．

使ってみよう

(1) Les exploitations françaises ne sont pas très compétitives en Europe, (leur taille étant plus petite que celles des principaux pays européens).
解説：男性単数形が -al で終わる形容詞は，男性複数形は語末が -aux になります．

(2) Au Japon, le développement des grandes exploitations n'est pas facile à réaliser, (les agriculteurs ayant souvent un métier secondaire).

語彙を増やそう

農業［名詞］agriculture (f.) / 農家［名詞］agriculteur, agricultrice / 農業の［形容詞］agricole

文法問題

形容詞の一致部分に下線がついています．

(1) Les aides financières aux agriculteurs sont (moins élevées) au Japon qu'en Europe.
農家への資金援助は，ヨーロッパよりも日本の方が少ない．

(2) La surface moyenne cultivée par un agriculteur est (plus petite) au Japon qu'en France.　農家一戸あたりの耕作地の平均面積は，フランスよりも日本の方が小さい．

7

湯水のようには使えない… 水

Cessons de jeter l'eau par les fenêtres !

CD 07

En ce début de XXIe siècle, la pénurie d'eau est un des problèmes les plus alarmants pour l'humanité. Nos besoins en eau ne cessent d'augmenter alors que les ressources disponibles diminuent. Le risque de pénurie s'aggrave rapidement en raison de différents facteurs dont les principaux sont : la croissance démographique mondiale, l'augmentation de la consommation de produits animaux, le changement climatique. D'ici dix à vingt ans, il est possible que notre approvisionnement en eau soit dramatiquement insuffisant.

Trouver des solutions à la fois innovantes et efficaces pour faire face à ce risque est un véritable défi. Et dans les circonstances actuelles, le marché mondial de l'eau devrait atteindre près de 87 billions de yens en 2025. Il apparaît clairement qu'il faut désormais investir d'avantage dans la recherche pour que le traitement des eaux usées soit plus performant et le dessalement de l'eau de mer moins coûteux, surtout pour les pays en voie de développement.

注 （本文には下線を付してあります.）

第 1 段落

XXIe siècle：21世紀．世紀を表す時は，ローマ数字で序数詞（〜番目の）を使う．**pénurie** (f.)：欠乏．**alarmant(e)**：心配な．**humanité** (f.)：人類．**ne cessent d'augmenter**：増加を止めない．書き言葉において cesser の否定形ではよく pas が省略される．**alors que**：一方で．対立を表す接続表現．**ressources** (f.) **disponibles**：利用可能な水源．**diminuer**：減る．**s'aggraver**：深刻化する．**en raison de...**：〜を理由として．**dont...**：そのうちの〜は〜だ．**croissance** (f.)：増大．**démographique**：人口の．**mondial(e)**：世界の．**augmentation** (f.)：増加．**produits** (m.) **animaux**：動物性食品．動物に由来する食品で，肉・魚・卵・乳などがある．**changement** (m.) **climatique**：気候変動．**D'ici 10 à 20 ans**：今から10〜20年のうちに．「d'ici ＋時間」は「今から〜のうちに」の意味．そこに10 à 20 ans（10〜20年）という時間の表現が入っている．**il est possible que...**：〜かもしれない（半々程度の実現性を表す）．接続法が続く．**approvisionnement** (m.)：供給．**dramatiquement**：劇的に．**insuffisant(e)**：不十分な．

第 2 段落

à la fois A et B：A であると同時に B でもある．**innovant(e)**：革新的な．**efficace**：効果的な．**faire face à...**：〜に向き合う．**véritable**：本当の．**défi** (m.)：挑戦．**circonstance** (f.)：状況．**actuel, actuelle**：現在の．**devrait**：動詞 devoir（〜にちがいない）が，婉曲のニュアンスを出すために条件法現在形になっている．**atteindre**：達する．**billion** (m.)：1 兆．**Il apparaît que...**：〜は明らかである．**désormais**：今後は．**investir**：投資する．**d'avantage**：より多く．**pour que...**：〜するために．接続法が続く．**traitement** (m.)：処理．**eaux** (f.) **usées**：使用した水．**performant(e)**：性能が良い．**dessalement** (m.)：塩を抜くこと．ここでは「淡水化」．**moins coûteux**：よりコストが低い．動詞 soit が省略されている．**surtout**：特に．**pays** (m.) **en voie de développement**：発展途上国．

Les méthodes de purification de l'eau les plus courantes consistent à utiliser des membranes percées de pores minuscules, qui permettent de réaliser différents types de filtrages tels que l'ultrafiltration ou la nanofiltration. Plusieurs entreprises japonaises comme Nitto Denko, Toray ou Toyobo, détenant 60 % du marché, sont les leaders mondiaux dans la fabrication de ce genre de matériau.

Mais les membranes ne représentent que 1 % du business de l'eau. Il faut aussi acheminer et distribuer l'eau potable, gérer la clientèle, construire des stations d'épuration pour traiter les eaux usées... Véolia et Suez, deux des principales multinationales dans ces domaines, possèdent déjà l'intégralité de ces savoir-faire. Elles approvisionnent environ 60 % des usagers connectés à un réseau privé dans le monde.

Véolia, autrefois Compagnie Générale des Eaux (CGE), fournit 39 % des consommateurs français. En développement constant, cette compagnie englobe désormais les secteurs de l'eau, des déchets, de l'énergie et du transport. L'autre géant, Suez, est le numéro 2 mondial de la gestion de l'eau et ses activités couvrent l'essentiel des secteurs du marché, de l'extraction de l'eau au

第３段落

purification (f.)：浄化．　**consister　à＋不定詞**：〜することにある．**membrane** (f.)：膜．　**percées de pores minuscules**：極小の孔が開けられた．　**ultrafiltration** (f.)：限外ろ過．　**nanofiltration** (f.)：ナノろ過．限外ろ過よりも小さいものをこし取る技術．**Plusieurs**：いくつもの．　**Nitto Denko, Toray, Toyobo**：日東電工株式会社，東レ株式会社，東洋紡株式会社．　**détenant**：動詞 détenir（持っている）の現在分詞．主語は主節の主語 Plusieurs entreprises japonaises と同一．　**genre** (m.)：種類，タイプ．**matériau** (m.)：材料．

第４段落

acheminer：運ぶ．　**distribuer**：配給する．　**potable**：飲料可の．　**gérer**：管理する．**clientèle** (f.)：顧客．　**station** (f.) **d'épuration**：浄水場．　**traiter**：再処理する．**Véolia**：ヴェオリアグループ．本社はフランス．日本の札幌市，山形市，敦賀市などでも水道事業の委託を受けている．　**Suez**：Suez S.A. 社．2008年の分割後は，Suez Environnement S.A. が水道事業を受け継いでいる．　**multinationale** (f.)：多国籍企業．　**domaine** (m.)：分野．　**intégralité** (f.)：全体．　**savoir-faire** (m.)：ノウハウ．**approvisionner**：供給する．　**usager, usagère**：利用者．

第５段落

Compagnie Générale des Eaux (CGE)：現在のヴェオリア社のかつての名称．　**fournir**：供給する．　**englober**：まとめる，総合する．　**déchets** (m.)：廃棄物．　**géant(e)**：巨人．　**gestion** (f.)：経営．　**couvrir**：カバーする，扱う．　**essentiel** (m.)：大部分．**extraction** (f.) **de l'eau**：水の採取．

traitement des eaux usées et jusqu'au recyclage des déchets issus du filtrage. D'ailleurs, Suez vient d'inaugurer à Marseille la plus grande station en France de production de biométhane à partir de boues d'épuration.

Le dynamisme du marché mondial de l'eau est certainement rassurant. Quant à nous, consommateurs, faisons notre part. Adoptons une attitude responsable et ayons les réflexes simples qui permettent d'économiser l'eau dans notre quotidien.

dessalement de l'eau
https://www.youtube.com/watch?v=X_OHea1YctE&frags=pl%2Cwn

文を分解する

以下は，本文からの抜粋です．この長い文を前から順番に分解しながら，意味をとる練習をしましょう．

Il faut aussi acheminer et distribuer l'eau potable, gérer la clientèle, construire des stations d'épuration pour traiter les eaux usées...

(1) 上の文は「Il faut ＋不定詞」の構文です．不定詞に下線を引きましょう．traiter は除外します．

(2) 多くの不定詞が続くので，まず Il faut aussi までの意味をとりましょう．
意味①　次のことを行う（　　　　　）もあります．

(3) 最初の不定詞 acheminer からカンマまでの意味をとりましょう．
意味②　まず（　　　　　　　　　）すること，

recyclage (m.)：再生利用．　**issu(e) de...**：～から生じた．　**inaugurer**：落成式を行う，オープンする．　**station** (f.)：工場，プラント．　**biométhane** (m.)：バイオメタンガス．下水の汚泥や廃棄食物などから作られるガス．　**boues** (f.) **d'épuration**：水の浄化作業によって生じる汚泥．

第６段落

rassurant(e)：安心させてくれる．　**quant à...**：～はというと．　**faisons notre part**：faire sa part（自分の分担を実行する）．　**Adoptons**：動詞 adopter（取り入れる）の命令形．　**attitude** (f.)：姿勢，態度．　**ayons**：動詞 avoir の命令形．　**réflexe** (m.)：反射運動，反応．　**simple**：単純な，ごく普通の．　**quotidien** (m.)：日常生活．

Veolia, traitement des eaux usées, animation
https://www.youtube.com/watch?v=YhaScVOW3GI&frags=pl%2Cwn

---

(4)　２番目のカンマまでの意味をとりましょう．
　意味③　次に（　　　　　　　　　　　）すること，

(5)　残りの部分を読みやすい長さに区切るとしたら，どこが適当ですか．区切りの印を記入しましょう．

(6)　この文の pour... は，「A ＋ pour　B」（A をして，B をする）という事柄の連続を表す表現としてとらえましょう．それでは，残りの部分の意味をこの形式に合わせてとりましょう．
　意味④　そして（　　　　　　）して，（　　　　　　）することなどです．

(7)　上で記入した**意味①～④**を続けて読んでみましょう．

使ってみよう

モデル文（本文からの抜粋）

La pénurie d'eau est un des problèmes les plus alarmants pour l'humanité.

« ... est un(e) des... les plus... »「○○は，もっとも△△な××のひとつである」の構文を使って作文しましょう．« ... est un(e) des... » と « ... est l'un(e) des.... » に意味の違いはありませんが，定冠詞をつけた方が文体が美しく見えます．

(1) 日東電工は，使用した水のろ過のための膜の業界において，もっとも能力がある会社のうちのひとつです．

ヒント：ろ過 filtrage (m.)，業界 secteur (m.)，会社 entreprise (f.)

____________________ est une des ____________________ les plus ____________________.

(2) ヴェオリアは，水ビジネスにおいて，もっとも競争力のある多国籍企業のうちのひとつです．

ヒント：競争力がある compétitif, compétitive

____________________ est une des ____________________ les plus ____________________.

語彙を増やそう

日　本　語	フランス語
兆［名詞］	billion (m.)
十億［名詞］	
百万［名詞］	
千［形容詞］	
百［形容詞］	

文法　近接過去

近接過去は，最近起きたことについて述べる時に使います．形は「主語＋venir de＋不定詞」です．前置詞の de を入れ忘れてしまうことがあるので，注意しましょう．

例：（本文から）

Suez vient d'inaugurer à Marseille la plus grande station en France de production de biométhane.

文法問題

かっこ内の動詞を近接過去にしましょう．

(1) Le gouvernement japonais (publier) de nouvelles mesures pour améliorer le secteur de l'eau.

ヒント：mesure (f.) 政策，améliorer 向上させる

(2) Une trentaine d'entreprises japonaises (proposer) un projet commun pour être plus compétitives dans le secteur du traitement des eaux usées.

ヒント：une trentaine de... 約30の〜（-aine は数字につけて「約〜の」という名詞を作る接尾辞），commun　共通の，compétitif, compétitive 競争力がある

本文の和訳

この21世紀初頭において，水不足は人類にとってもっとも心配な問題点のひとつです．私たちの水への必要性は増え続けているのに対し，利用可能な水源は減っています．［水］不足の危険は，いろいろな要因が理由となって急速に深刻化しています．その要因の主なものには，世界における人口の増加，動物性食品の消費の増大，気候変動があります．今から10〜20年のうちに，私たちへの水の供給は劇的に不足状態となるかもしれません．

革新的であると同時に効果的でもある解決策を見つけ，この危機に立ち向かうことは，真の挑戦です．そして現状では，世界の水市場は2025年には87兆円近く［の規模］に到達するに違いないと思われます．今後は研究により多くの投資を行い，使用した水の［再］処理の性能を上げ，海水の淡水化のコストをより下げることが必要なのは明らかです．特に，発展途上国にとってそうだと

言えます.

もっともよく使われている水の浄化方法は，極小の孔が開けられ，限外ろ過やナノろ過といったいろいろなタイプのろ過を実現してくれる膜を使うことです．日東電工株式会社，東レ株式会社，東洋紡株式会社といったいくつもの日本の企業がこの市場の60％を占めており，このタイプの材料の製造においては世界のリーダーとなっています.

しかし［ろ過の］膜は，水ビジネスの１％しか占めていません．次のことを行う必要もあるのです．まず飲料可の水を運んで配給するすること，次に顧客を管理すること，そして浄水場を建設して，使用した水を再処理することなどです．ヴェオリア社とスエズ社はこの分野における主要多国籍企業のうちの２社で，すでにこれらのノウハウ全体を保持しています．この２社で，世界で民間による水道網に接続している利用者の約60％に，［水を］供給しています.

旧 Compagnie Générale des Eaux (CGE) 社，［現］ヴェオリア社は，フランスの消費者の39％に［水を］供給しています．絶え間ない発展の結果，この会社は今では水，廃棄物，エネルギー，そして輸送の部門をまとめ上げています．もう一方の巨人スエズ社は，水経営においては世界第２位です．その業務は水市場の大部分の部門，水の採取から使用した水の処理まで，そしてろ過から生じる廃棄物の再処理までもカバーしています．さらにスエズ社はマルセイユに，水の浄化で発生する汚泥からバイオメタンガスを製造するフランスで最大の工場を，最近オープンさせました.

世界の水市場に活気があることは，私たちを安心させてくれます．私たち消費者は，自分たちにできる部分を実行しましょう．責任ある態度をとり，日常生活で水を節約できるようなごくあたり前の行動をとりましょう.

注：このテキストに登場するパーセンテージは，すべて2000年代初頭のものです.

正解と解説

文を分解する

(1) Il faut aussi acheminer et distribuer l'eau potable, gérer la clientèle, construire des stations d'épuration pour traiter les eaux usées...

(2) **意味①** 次のことを行う（必要）もあります.

(3) **意味②** まず（飲料可の水を運んで配給）すること,

(4) **意味③** 次に（顧客を管理）すること,

(5) construire des stations d'épuration / pour traiter les eaux usées...

(6) **意味④** そして（浄水場を建設）して,（使用した水を再処理）することなどです.

使ってみよう

(1) (Nitto Denko) est une des (entreprises) les plus (performantes dans le secteur des membranes pour le filtrage des eaux usées).

(2) (Véolia) est une des (multinationales) les plus (compétitives dans le business de l'eau).

語彙を増やそう

兆［名詞］billion (m.) / 十億［名詞］milliard (m.) / 百万［名詞］million (m.) / 千［形容詞］mille / 百［形容詞］cent

100 (cent), 1000 (mille) は，英語と異なり，× un cent, × un mille とはなりません．百万 un million, 十億 un milliard, 一兆 un billion には，un が必要です．

文法問題

(1) Le gouvernement japonais (vient de publier) de nouvelles mesures pour améliorer le secteur de l'eau. 日本政府は，水の業界を向上させるための新たな政策を発表したところです．

解説：nouveau, nouvelle は名詞に前置する形容詞です．名詞の前に複数形の形容詞がある場合は，不定冠詞 des ではなく，de を用います．

(2) Une trentaine d'entreprises japonaises (viennent de proposer) un projet commun pour être plus compétitives dans le secteur du traitement des eaux usées. 約30の日本企業が，使用した水の処理の部門においてより強い競争力を持つために，共通計画を提示したところです．

8

タルトタタン：「ひっくり返る」ほど驚く話

Tarte Tatin : une histoire « renversante »

CD 08

Vous connaissez la tarte Tatin ? En un mot, c'est une tarte aux pommes renversée, réalisée selon une méthode bien particulière. Pour faire une tarte classique, on met d'abord la pâte dans le moule puis les fruits par-dessus. Mais quand on prépare une tarte Tatin, on met d'abord les pommes, puis on les couvre avec la pâte. En France, on dit que cette tarte a été créée au XIXe siècle par deux sœurs qui tenaient une petite auberge dans la région d'Orléans, Caroline et Stéphanie Tatin.

Il existe plusieurs versions de l'origine de cette drôle de tarte... Un jour de grande affluence au restaurant, Caroline devait préparer les desserts à la hâte. Dans sa précipitation, elle aurait oublié de mettre la pâte au fond du moule et y aurait versé seulement les pommes. Hélas, le dessert obtenu ne ressemblait ni à une tarte aux pommes, ni à de simples pomme cuites. Ne sachant comment réparer sa maladresse, Caroline aurait alors eu l'idée géniale de placer la pâte sur les pommes déjà cuites et de repasser l'ensemble au four. Il suffirait, en fin de cuisson, de

注 （本文には下線を付してあります．）

第 1 段落

En un mot：一言で言うと．　**renversée**：逆さになった．　tarte (f.) を修飾しているので一致の -e がついている．　**réalisée**：動詞 réaliser（実現する）の過去分詞で tarte を修飾している．　**selon...**：～によると．　**bien particulière**：かなり独特な．　**classique**：従来の．　**pâte** (f.)：生地．　**moule** (m.)：型．　**par-dessus**：上に．　**les couvre**：代名詞 les は les pommes を指す．動詞は couvrir（かぶせる）．　**on dit que...**：～と言われている．　**a été créée**：動詞 créer（作り出す）の受動態複合過去形．créer の過去分詞は créé というつづりになる．　**XIXe siècle**：19世紀．世紀を表す時はローマ数字の序数詞を使う．　**tenir**：持つ．　**auberge** (f.)：田舎の宿屋．　**Orléans**：フランス中部にある町．ジャンヌ・ダルクの活躍で有名．

第 2 段落

Il existe...：～が存在する．主語は非人称の il．　**plusieurs**：いくつもの．多いというニュアンスがある．　**drôle de...**：奇妙な～．　**affluence** (f.)：混雑．　**à la hâte**：急いで．　**précipitation** (f.)：あわただしさ．　**aurait oublié**：動詞 oublier（忘れる）の条件法過去形．過去の出来事についての伝聞・推測を表している．「～したらしい」．**fond** (m.)：底．　**y**：au fond du moule（型の底に）を指す．　**aurait versé**：動詞 verser（注ぎ込む）の条件法過去形．過去についての伝聞・推測を表す．　**Hélas**：残念ながら．　**...obtenu**：得られた～．obetenu は obtenir の過去分詞．　**ressembler à...**：～に似る．　**ne... ni... ni...**：～でも～でもない．　**Ne sachant**：動詞 savoir の現在分詞否定形で pas が省略されている．　**réparer**：直す，取り繕う．　**maladresse** (f.)：不手際．　**aurait eu**：動詞 avoir の条件法過去形．過去についての伝聞・推測を表す．**génial(e)**：天才的な．　**idée de +不定詞**：～するというアイディア．　**repasser**：再び入れる．

retourner le tout sur un plat à servir et les clients ne s'apercevraient de rien. La tarte Tatin était née !

Une version différente suggère un problème d'équipement dans la cuisine des sœurs Tatin. Désireuses de préparer des tartes mais n'ayant pas de four, elles devaient les cuire en plaçant le moule, recouvert d'une cloche en métal, directement sur la cuisinière. Mais dans ces conditions, la pâte pouvait brûler avant que les pommes ne soient complètement cuites. Pour éviter ce problème, Stéphanie décide d'inverser la disposition des deux éléments. Elle garnit généreusement le moule de beurre, y ajoute une bonne couche de sucre, arrange soigneusement les pommes puis couvre et ferme la préparation avec la pâte. Ainsi, les pommes vont cuire « à l'étouffée », se caraméliser, et surtout, la pâte ne risquera pas de brûler.

Tout en vous remerciant d'avoir lu jusqu'au bout ces petites histoires, nous devons maintenant reconnaître qu'elles sont peu crédibles, et ce, pour deux raisons. Premièrement, les tartes « renversées », aux pommes ou aux poires, étaient depuis longtemps des spécialités de la région d'Orléans. Deuxièmement, comme les sœurs Tatin avaient fait construire leur établissement

plat à servir：料理を出すための皿. **s'apercevoir de...**：〜に気づく.

第３段落

suggérer：ほのめかす. 発音は [sygʒere]. 活用によって é と è を使い分けるので注意 (je suggère, nous suggérons). **équipement** (m.)：設備. **désireux, désireuse de + 不定詞**：〜したいと思っている. 主語 elles を修飾している. **ayant**：動詞 avoir の現在分詞. **four** (m.)：オーブン. **les**：tartes を指す. **en plaçant**：動詞 placer（置く）のジェロンディフ. c の後に -ant の a が来ると [ka] という読みになるため, cédille をつけて ça [sa] という読みにしている. **recouvert de...**：〜におおわれた. moule を修飾する. **cloche** (f.)：釣鐘型のおおい. **cuisinière** (f.)：火を使って調理できるレンジ. **brûler**：焦げる. **avant que... ne...**：avant que（〜する前に）の節には虚辞の ne が使われる. 節の動詞は接続法になる. **inverser**：逆にする. **disposition** (f.)：配置. **garnir A de B**：A に B を詰める. **généreusement**：たっぷりと. **une bonne couche de...**：たっぷりとした厚みのある〜の層. **arranger**：配置する. **soigneusement**：注意深く. **fermer**：閉じ込める. **à l'étouffée** (f.)：蒸し煮で. **se caraméliser**：カラメルになる. **surtout**：特に. **risquer de + 不定詞**：〜する危険性がある.

第４段落

Tout + ジェロンディフ：対立を表すジェロンディフ（〜する一方で）を tout が強調している. **avoir lu**：動詞 lire の不定詞複合形（助動詞の不定詞 + 過去分詞).「[すでに] 読んだことにお礼申し上げる」の下線部分を表す. **jusqu'au bout** (m.)：最後まで. **reconnaître**：認める. **peu crédibles**：peu + 形容詞（あまり〜ではない). あまり信憑性がない. **pour...**：〜という理由で. **spécialité** (f.)：名産品. **avaient fait construire**：使役「faire + 不定詞」（〜させる）の faire が大過去になっている. **établissement** (m.)：施設, 店.

dans les années 1850, l'absence d'un four n'est guère vraisemblable.

Quoi qu'il en soit, la tarte Tatin est aujourd'hui un dessert emblématique de la gastronomie française.

tarte Tatin de Sologne
https://www.youtube.com/watch?v=2nXTQT3jIf0&frags=pl%2Cwn

文を分解する

以下は，本文からの抜粋です．この長い文を前から順番に分解しながら，意味をとる練習をしましょう．

Désireuses de préparer des tartes mais n'ayant pas de four, elles devaient les cuire en plaçant le moule, recouvert d'une cloche en métal, directement sur la cuisinière.

(1) 上の文の Désireuses は，何（誰）を修飾していますか．Désireuses から，接続詞 mais の前までを第 1 の区切りとし，意味をとりましょう．最初のかっこには，上の(1)で見つけた「何（誰）」を入れます．

意味① （　　　　　　）は，（　　　　　　　　　　　　　　）ったのですが，

(2) mais からカンマまでを第 2 の区切りとします．現在分詞 n'ayant pas の主語は何（誰）ですか．mais からカンマまでの意味をとりましょう．

意味② （　　　　　　　　　　　　）いなかったので，

dans les années...：〜年代に．**vraisemblable**：ありそうな．

第５段落

Quoi qu'il en soit：いずれにせよ．**emblématique**：象徴する．**gastronomie** (f.)：美食．

---

(3) cuire の前の les（それら）は何を指していますか．elles からジェロンディフ（en ＋現在分詞）の前までを第３の区切りとし，次の形式にあてはめて意味をとりましょう．

意味③　それらを次のようにして（　　　　　）ならなかったのです．

(4) recouvert は何を修飾していますか．次の形式にあてはめて，en plaçant から en métal までの意味をとりましょう．

意味④　すなわち，（　　　　　　　　　　）を（　　）にかぶせ，それを置くのは，

(5) 次の形式にあてはめて，残りの部分の意味をとりましょう．

意味⑤　（　　　　　）に直に置く，という方法です．

(6) 上で記入した**意味**①〜⑤を続けて読んでみましょう．

使ってみよう

モデル文（本文からの抜粋）

Il suffirait de retourner le tout sur un plat à servir et les clients ne s'apercevraient de rien.

Il suffirait de... et...「○○すれば，それですみます．そうすれば△△になるでしょう」の構文を使って作文しましょう．

(1) りんごを洋ナシと入れ替えれば，それですみます．そして得られたタルトは，まったく同じくらい美味しくなるでしょう．

ヒント：AをBと入れ替える remplacer A par B，得られた obtenu(e)，まったく tout，美味しい délicieux，délicieuse

Il suffirait de ________________ et ________________.

(2) レシピに文字通りに従えば，それですみます．そしてあなたのタルト・タタンは間違いなくよくできたものになるでしょう．

ヒント：レシピ recette (f.)，文字通りに à la lettre，従う suivre，間違いなく à coup sûr，よくできたものになる être réussi

Il suffirait de ________________ et ________________.

語彙を増やそう

日　本　語	フランス語
逆さにした［形容詞］	renversé
びっくりさせる［形容詞］	
逆転［名詞］	
ひっくり返す［動詞］	

文法　代名詞 y

① 代名詞 y は場所を表します．

例：（本文から）

Elle aurait oublié de mettre la pâte au fond du moule, et y aurait versé seulement les pommes. ここでは，y は au fond du moule「型の底に」という場所を表します．

② 動詞が à のつく間接目的補語をとる場合，y で置きかえることができますが，人に関しては使えません．

Je réponds à cette question. → J'y réponds.

Je répond à Lucas. → × J'y réponds. → Je lui réponds.

文法問題

代名詞 y に置きかえられるところを見つけて，全文を書き直しましょう．

(1) Pour faire une tarte classique, on met d'abord la pâte dans le moule, puis on ajoute les fruits dans le moule.

(2) Comme les sœurs Tatin ont construit leur restaurant dans les années 1850, elles ont certainement installé un four dans leur restaurant.

ヒント：dans les années... ～年代に，installer 設置する

(3) Vous pouvez m'apporter un plat à gâteaux ? Je vais poser la tarte Tatin sur ce plat à gâteaux.

ヒント：apporter 持ってくる

本文の和訳

みなさんはタルト・タタンをご存知ですか？一言で言うと，それはさかさまにひっくり返されたりんごのタルトで，かなり独特な方法に従って作られています．従来のタルトを作るには，まず型の中に生地を入れ，次に果物を上から入れます．ところがタルトタタンを作るときは，まずりんごを入れ，次にそのりんごに生地をかぶせるのです．フランスでは，このタルトは19世紀に２人の

姉妹によって作り出されたといわれています．この２人はオルレアン地方に小さな宿屋を持っていたキャロリーヌとステファニー・タタンです．

この奇妙なタルトの発端については，いくつもの説があります….レストランが大混雑だったある日，キャロリーヌは急いでデザートを準備しなければなりませんでした．あわただしくしていたので，彼女は型の底に生地を敷くのを忘れてしまったらしく，そこにりんごだけを注ぎ込んだらしいのです．残念なことに，得られたデザートは，りんごのタルトにも，単なる焼きりんごにも似ていませんでした．自分の不手際をどのように取り繕ったらよいのかがわかりませんでしたが，キャロリーヌはその時に天才的なアイディアを思いついたらしいのです．それは，すでに火が通っているりんごの上に生地を乗せ，全体をまたオーブンに入れるというアイディアでした．［そうすれば］調理が終わった時に，デザートを出すための皿に全部をひっくり返して乗せればすみますし，お客は何も気づかないことでしょう．［こうして］タルトタタンが生まれたのです！

また別の説は，タタン姉妹の厨房設備に問題があったのではないかとほのめかしています．彼女たちはタルトを作りたいと思ったのですが，オーブンを持っていなかったので，それらを次のようにして作らなければならなかったというのです．すなわち，金属製の釣り鐘型の蓋を型にかぶせ，それを置くのはレンジの上に直に置く，という方法です．しかしこの状態だと，りんごに完全に火が通る前に，生地が焦げてしまうかもしれません．この問題を回避するために，ステファニーは２つの要素［りんごと生地］の配置を逆にすることにしたのです．彼女は型にたっぷりとバターを詰め，そこにたっぷりとした砂糖をかぶせ，慎重にりんごを並べ，そしてこの下ごしらえに，［上から］生地で蓋をし，閉じ込めました．このようにすれば，りんごは蒸し煮で火が通り，カラメル状になり，特に［重要なのは］生地が焦げる危険性はなくなるということです．

みなさまがこれらのちょっとした話を最後まで読んで下さったことにお礼を申し上げる一方で，次のことを認めなければなりません．すなわちこれらの話は，次の２つの理由により［実は］あまり信憑性がないのです．第一に，りんご入りにせよ洋ナシ入りにせよ，「逆さまにした」タルトは昔からオルレアン地方の名産だったのです．第二に，タタン姉妹は1850年代に自分たちの店を建てさせたので，オーブンが無いということはほとんどあり得ないのです．

いずれにせよ，タルト・タタンは今ではフランスの美食を象徴するデザートとなっています．

正解と解説

文を分解する

(1) elles（タタン姉妹）を修飾しています．
意味① （彼女たち）は，（タルトを作りたいと思）ったのですが，

(2) elles（タタン姉妹）が主語．
意味② （オーブンを持って）いなかったので，

(3) tartes を指します．
意味③ それらを次のようにして（作らなければ）ならなかったのです．

(4) moule を修飾しています．
意味④ **意味④**すなわち，（金属製の釣り鐘型の蓋）を（型）にかぶせ，それを置くのは，

(5) **意味⑤** （レンジの上）に直に置く，という方法です．

使ってみよう

(1) Il suffirait de remplacer les pommes par des poires et la tarte obtenue serait tout aussi délicieuse.
解説：obtenue は tarte (f.) を修飾するので -e の一致があります．

(2) Il suffirait de suivre la recette à la lettre et votre tarte Tatin serait à coup sûr réussie.

語彙を増やそう

逆さにした［形容詞］renversé / びっくりさせる［形容詞］renversant / 逆転［名詞］renversement (m.) / ひっくり返す［動詞］renverser

文法問題

(1) Pour faire une tarte classique, on met d'abord la pâte dans le moule, puis on y ajoute les fruits. 従来のタルトを作るには，まず生地を型の中に入れ，次にそこに果物を入れます．

(2) Comme les sœurs Tatin ont construit leur restaurant dans les années 1850, elles y ont certainement installé un four. タタン姉妹は1850年代に自分たちのレストランを建設したので，その中にオーブンを設置したことは確かです．

(3) Vous pouvez m'apporter un plat à gâteaux ? Je vais y poser la tarte Tatin. ケーキ皿をここに持ってきていただけますか？そこにタルトタタンを置くつもりです．

9

現代の海賊

Pirates des temps modernes

CD 09

Le 3 mai 2009, le Nivôse, une frégate française qui patrouillait au large de la Somalie, a remarqué qu'il était poursuivi par deux embarcations rapides accompagnées d'un navire-base : des pirates ! Comprenant que ceux-ci l'avaient pris pour un navire marchand, le commandant du bateau de guerre, très serein, a alors mis le cap en direction du soleil, pour éviter d'être identifié. Il a laissé ses poursuivants s'approcher de la frégate puis soudain les a pris d'assaut, capturant onze pirates présumés.

Cette arrestation a eu lieu dans le cadre de la mission militaire Atalante qui réunit huit pays européens. Le but de cette mission est de lutter contre la piraterie dans le golfe d'Aden où le trafic maritime est d'environ 20 000 bateaux marchands par an.

Dans le cas du Nivôse, ce jour-là, il n'y a pas eu de victimes. Mais en avril de la même année, l'équipage d'un voilier français, deux couples et un enfant en bas âge, a été pris en otage. Au cours de l'opération militaire de sauvetage, le père de l'enfant a été tué lors d'une fusillade. Trois pirates ont été capturés et placés en

注（本文には下線を付してあります．）

第１段落

pirate：海賊．　**Nivôse** (m.)：フランスのフリゲート艦の名前．　**frégate** (f.)：フリゲート艦．　**patrouiller**：パトロールする．　**au large de**：～の沖で．　**Somalie** (f.)：ソマリア．　**poursuivre**：追跡する．過去分詞は poursuivi.　**embarcation** (f.)：ボート．　**accompagné(e) de...**：～に伴われた．　**navire-base** (m.)：母船．　**Comprenant**：comprendre の現在分詞．　**ceux-ci**：pirates を指す．ここでは海賊とフリゲート艦の両方が登場するため，より近い３つ前の単語 pirates を指すことを明確にするために ceux-ci（近い方のそれ）が使われている．　**l'avaient pris**：l' は le Nivôse を指す．海賊が勘違いをして，次に追跡が始まったので，過去の過去を表す大過去形が使われている．　**navire** (m.) **marchand**：商船．　**commandant** (m.)：艦長．　**bateau** (m.) **de guerre**：戦艦．　**serein(e)**：冷静な．　**mettre le cap**：針路をとる．　**éviter**：避ける．　**laisser... + 不定詞**：～が～するのを阻止しない．　**poursuivant(e)**：追跡者．　**s'approcher de...**：～に近づく．　**les a pris d'assaut**：prendre d'assaut（襲いかかる）．les は poursuivants.　**capturer**：捕える．　**présumé(e)**：推定された．

第２段落

arrestation (f.)：逮捕．　**... avoir lieu**：～がおきる．　**dans le cadre de...**：～での取り組みとして．　**lutter contre...**：～と戦う．　**piraterie** (f.)：海賊行為．　**golfe** (m.) **d'Aden**：アデン湾．北はイエメン（アラビア半島）と南はソマリア（アフリカ大陸）に挟まれた湾で，海上交通の要所．　**trafic** (m.) **maritime**：海上交通．

第３段落

équipage (m.)：乗組員．　**voilier** (m.)：ヨット．　**a été pris**：prendre の受動態複合過去形．　**otage** (m.)：人質．　**Au cours de...**：～の間に．　**sauvetage** (m.)：救助．　**fusillade** (f.)：銃撃戦．　**être placé en garde à vue**：拘留される．garde à vue（拘留）．

garde à vue en France. C'était déjà la troisième fois que la force française intervenait en un an pour libérer des otages de son pays dans cette région.

Au Japon, une nouvelle loi a été votée en juillet 2009. Jusque là, les forces maritimes japonaises d'autodéfense n'avaient le droit d'escorter des bateaux que dans trois situations : bateaux battant pavillon japonais, ou ayant à leur bord des Japonais, ou transportant des marchandises destinées au Japon. Désormais, elles peuvent plus facilement escorter des bateaux, même étrangers. Elles sont maintenant autorisées à ouvrir le feu, après deux avertissements, sur des pirates qui sont sur le point d'attaquer un navire civil. Avant, elles étaient limitées à la légitime défense.

Cela fait maintenant plus de dix ans que la mission européenne Atalante lutte contre la piraterie au large de la Somalie. Si les pirates somaliens ont pratiquement cessé leurs attaques, cela ne signifie pas la fin de la menace. La piraterie maritime reste un fléau difficile à contrecarrer car elle est évolutive. Elle répond à des besoins économiques et elle se manifeste donc là où le gain potentiel pour les pirates est important. Une coopération

intervenir：介入する．　**libérer**：解放する．

第４段落

a été votée：voter（可決する）の受動態複合過去形．　**forces (f.) maritimes japonaises d'autodéfense**：日本の海上自衛隊．「名詞＋de＋名詞」の構成の複合語を複数にする場合，最初の名詞だけが複数形になる．ここでは forces maritimes japonaises に s がつき，autodéfense には s をつけない．　**ne... que**：ここでは dans trois situations に係る．３つの状況のみにおいて．　**escorter**：護衛する．　**battre pavillon...**：〜の国旗を掲げて航行する．文中では battre が現在分詞になっている．　**à leur bord**：その船上に．　**destiné(e) à...**：〜に向けられた．　**ouvrir le feu**：発砲する．　**avertissement (m.)**：警告（射撃）．　**être sur le point de...**：まさに〜しようとしている．　**navire (m.) civil**：民間の船舶．　**légitime défense (f.)**：正当防衛．

第５段落

Cela fait ＋時間＋ que...：〜して〜の時間が経つ．　**Si**：ここでは「対立（〜ではあるが)」を表す．　**pratiquement**：事実上は．　**cesser**：止める．　**menace (f.)**：脅威．　**rester...**：〜のままでいる．　**fléau (m.)**：厄災．　**difficile à...**：〜するのが難しい．　**contrecarrer**：対抗する．　**évolutif, évolutive**：変化する．　**répondre à...**：〜に対応する．　**besoins (m.) économiques**：ここでは「金銭への欲望」の意味．　**se manifester**：現れる．　**là où...**：〜な所に．　**gain (m.) potentiel**：潜在的な稼ぎ，どのぐらい稼げるかということ．　**important(e)**：金額が大きい．

internationale entre tous les pays est nécessaire pour la combattre efficacement.

opération atalante, animation
https://www.youtube.com/watch?v=_Ydp26R55Wk&frags=pl%2Cwn

文を分解する

以下は，本文からの抜粋です．この長い文を前から順番に分解しながら，意味をとる練習をしましょう．

Comprenant que ceux-ci l'avaient pris pour un navire marchand, le commandant du bateau de guerre, très serein, a alors mis le cap en direction du soleil, pour éviter d'être identifié.

⑴ 上の文の最初のカンマまでを，第１の区切りとします．
- ⒜ ceux-ci は何を指しますか．前の文章内で，男性複数の名詞を探しましょう．
- ⒝ l' は何を指しますか．前の文章内で，男性単数の名詞を探しましょう．
- ⒞ 現在分詞 Comprenant の主語は何ですか．
- ⒟ 第１の区切りの意味をとりましょう．

意味① (　　　　　) が (　　　　　　　　　　) ことがわかったので，

combattre：戦う．　**efficacement**：効率的に．

amiral Dupuis
https://www.youtube.com/watch?v=14NFi9COfY0&frags=pl%2Cwn

⑵　主節の動詞 a (alors) mis の前までを第２の区切りとし，この部分の意味をとりましょう．

意味②　(　　　　　　)は(　　　　　　)に，

⑶　主節の動詞 a (alors) mis から，次のカンマまでを第３の区切りとし，この部分の意味を取りましょう．

意味③　(　　　　　　　　　　　)た．

⑷　前置詞 pour から最後までの部分が表すのは，次のどれですか．選びましょう．場所・時・原因・目的・手段．

そして，最後の部分の意味をとりましょう．

意味④　(　　　　　　　　　　　)ためです．

⑸　上で記入した**意味**①〜④を続けて読んでみましょう．

使ってみよう

モデル文（本文からの抜粋）

Le but de cette mission est de lutter contre la piraterie dans le golfe d'Aden où le trafic maritime est d'environ 20 000 bateaux marchands par an.

Le but de... est de＋不定詞 ... ＋ où...「○○の目的は△△することで，そこでは××なのです」の構文を使って作文しましょう．

(1) 監視作戦［複数で］の目的はそれらの地域を守ることで，そこでは海賊行為が深刻な脅威となっているのです．

ヒント：監視 surveillance (f.)，地域 zone (f.)，守る protéger，深刻な sérieux, sérieuse

(2) 日本の新しい法律の目的は，自衛隊にそれらの地域への介入を可能にすることで，そこでは海賊行為の危険性が高くなっているのです．

ヒント：法律 loi (f.)，～に～を可能にする permettre à... de＋不定詞，高い élevé(e)

語彙を増やそう

日　本　語	フランス語
海賊［名詞］	pirate (m.)
海賊版の［形容詞］	
不正コピー［名詞］	
不正コピーする［動詞］	
海賊行為［名詞］	

文法　人称代名詞　直接目的補語

主語	je	tu	il	elle	nous	vous	ils	elles
直接目的補語	**me**	**te**	**le (l')**	**la (l')**	**nous**	**vous**	**les**	

辞書で調べて「他動詞」という記載がある動詞が，直接目的補語をとります．例えば prendre がそうです．

例：(本文から)

Il a laissé ses poursuivants s'approcher de la frégate puis soudain les a pris d'assaut.

この文では les は ses poursuivants を指し，prendre の直接目的補語になっています．

文法問題

人称代名詞直接目的補語に置きかえられる表現をみつけ，置きかえを行いましょう．

(1) Environ 20 000 bateaux marchands passent dans le golfe d'Aden. Le but de l'opération Atalante est de protéger ces bateaux marchands contre la piraterie.

(2) Les pirates ont repéré un bateau et ils ont poursuivi ce bateau.
ヒント：repérer 見つける

本文の和訳

2009年５月３日，フランスのフリゲート艦ル・ニヴォーズはソマリア沖をパトロールしていた時，母船に伴われた２隻の高速ボートに追跡されていることに気づきました．海賊です！海賊がル・ニヴォーズを商船だと勘違いしていることがわかったので，戦艦の艦長は冷静に太陽の方向へと針路をとりました．[逆光を利用して］自分たちの正体がばれないようにするためです．艦長は追跡者たち［海賊］がフリゲート艦に接近して来るのを妨げず，次に［こちらから］急に襲いかかり，海賊と推定される11人を捕らえました．

この逮捕は，アタランテ軍事作戦での取り組みとして行われました．アタランテには，ヨーロッパ８か国が結集しています［当時の参加国数］．この作戦の目的は，アデン湾における海賊行為と戦うことです．アデン湾では，１年間の海上交通が約２万隻の商船にのぼります．

この日のル・ニヴォーズの場合は，犠牲者は出ませんでした．しかし同じ年の４月，１隻のフランスのヨットに乗っていた２組のカップルと１人の幼い子供が人質にとられました．救出のための軍事作戦中，子どもの父親が銃撃戦の際に殺されてしまいました．３人の海賊が捕らえられ，フランスで拘留されました．この地域におけるフランス国民の人質を解放するために仏軍が介入したのは，１年間でこれですでに３回目のことでした．

2009年７月，日本で新たな法律が可決されました．それまでは日本の海上自衛隊は３つの状況のみにおいて，船舶を護衛する権利を有していました．その３つとは，日本の国旗を掲げて航行する船，またはその船上に日本人を乗せている船，または日本に向けた品物を運んでいる船です．これ［法律可決］以降自衛隊は，外国籍の船を含む船舶をより簡単に護衛することができるようになっています．今では，民間の船をまさに襲おうとしている海賊に向けて，２回の警告射撃のあと，発砲することも許可されています．以前は，［発砲は］正当防衛だけに限られていました．

ヨーロッパのアタランテ作戦がソマリア沖の海賊と戦うようになって今では10年以上が経ちます．ソマリアの海賊は事実上その襲撃をやめましたが，これで［海賊の］脅威が終わったという訳ではありません．海洋での海賊行為は対抗するのが難しい厄災です．なぜならそれは変化するからです．海賊行為は金銭への欲求に対応して行われるので，そこで大きな稼ぎが見込める場所に出没するようになるのです．［ソマリア沖以外の場所でも海賊行為があり得るのです．］これと効率的に戦うには，すべての国々の国際的な協力が必要です．

正解と解説

文を分解する

(1) (a) pirates（海賊） (b) le Nivôse. 過去分詞 pris が男性形なので，文法上は frégate (f.) を指すことができません． (c) commandant. 現在分詞の主語は，特別に明記されていなければ，主節の主語と同じです．

意味①（海賊）が（ル・ニヴォーズを商船だと勘違いしている）ことがわかったので，

(2) **意味②**（戦艦の艦長）は（冷静）に，

(3) **意味③**（太陽の方向へと進路をとりまし）た．

(4) 目的．**意味④**（自分たちの正体がばれないようにする）ためです．

使ってみよう

(1) Le but des opérations de surveillance est de protéger les zones où la piraterie est une menace sérieuse.

解説 1：「名詞 + de + 名詞」の構成の複合語を複数にする場合，最初の名詞だけが複数形になりますので，opération に s をつけ，surveillance には s をつけません．

解説 2：menace (f.) を修飾するので女性形 sérieuse を使います．

(2) Le but de la nouvelle loi japonaise est de permettre aux forces d'autodéfense d'intervenir dans les zones où le risque de piraterie est élevé.

語彙を増やそう

海賊［名詞］pirate (m.) / 海賊版の［形容詞］pirate / 不正コピー［名詞］piratage (m.) / 不正コピーする［動詞］pirater / 海賊行為［名詞］piraterie (f.)

文法問題

(1) Environ 20 000 bateaux marchands passent dans le golf d'Aden. Le but de l'opération Atalante est de les protéger contre la piraterie. 約20000隻の商船が，アデン湾を通過します．アタランテ作戦の目的は，それらを海賊行為から守ることにあります．

(2) Les pirates ont repéré un bateau et ils l'ont poursuivi. 海賊たちは 1 隻の船を見つけ，それを追跡しました．

10 飛ぶように売れるマカロン

Ça se vend comme des petits... macarons !

CD 10

200 yens pièce ! Ces petits gâteaux ronds de 3 ou 4 cm de diamètre, ne sont-ils pas trop chers ? Et ces couleurs, rose, bleu, jaune ou vert, ne sont-elles pas trop vives ? « MAIS PAS DU TOUT ! », répondraient les Japonaises, car depuis le milieu des années 90, les macarons se vendent comme des petits pains au Japon. Afin de répondre à la demande toujours croissante des consommateurs, plusieurs jeunes pâtissiers français ont été sollicités pour venir fabriquer ici même l'objet tant désiré. À cette occasion, le Lyonnais Sébastien Bouillet a eu un véritable coup de cœur pour le Japon en 2006 et aujourd'hui, il dispose de points de vente dans cinq grands magasins japonais. Belle réussite pour Monsieur Bouillet qui ne cesse de nous étonner avec ses nouvelles créations comme le «maca'Lyon», un macaron enrobé de chocolat et dont certaines versions sont parsemées de paillettes d'or.

Le macaron classique est d'origine italienne. Au XVIe siècle, lorsque Catherine de Médicis est venue en France pour son mariage avec le roi Henri II, elle a emmené avec elle ses pâtissiers

注 （本文には下線を付してあります.）

第1段落

rond(e)：丸い. **長さ + de diamètre**：直径～. **vif, vive**：鮮やかな. **répondraient**：「(もし～と質問されたら) 日本の女性はこのように答えるでしょう」という仮定が設定されているので，répondre が条件法になっている. **le milieu de...**：～の中頃. **les années 90**：90年代. **se vendre comme des petits pains**：成句「飛ぶように売れる」. **plusieurs**：何人もの. **être sollicité(e)**：懇願される. **tant**：こんなにも. **désiré(e)**：求められている. **À cette occasion**：この機会に. **Lyonnais(e)**：リヨンの人. **coup** (m.) **de cœur**：心を強くひかれること. **disposer de...**：～を所有する. **grands magasins** (m.)：デパート. **ne cesse de + 不定詞**：～することを止めない. pas が省略されている. **nous étonner**：私たちを驚かす. **enrobé(e) de...**：～で包まれた. **parsemé(e) de...**：～がちりばめられた. **paillette** (f.)：箔.

第2段落

classique：古くからある. **Catherine de Médicis**：カトリーヌ・ド・メディシス (1519-1589). **Henri II**：フランス王アンリ２世 (1519-1559). **emmener**：連れて行く.

italiens. Et ceux-ci ont apporté dans leurs bagages la recette du macaron. Il s'est ensuite répandu dans la France entière, prenant des formes différentes selon les régions. Mais celui qui est le plus populaire, c'est le macaron parisien, en forme de mini hamburger à la crème, avec sa fameuse collerette, ou « pied », entre ses deux coques.

L'engouement actuel pour le macaron a commencé à Paris dans les années 80. C'est Pierre Hermé, que le magazine *Vogue* surnomme le « Picasso of pastry », qui l'a lancé. Hermé a commencé sa carrière à l'âge de 14 ans chez Lenôtre. En 1986, cette fois chez Fauchon, il a créé trois nouveaux parfums de macaron : citron, pistache et rose. Depuis, de nombreux concurrents sont entrés dans la course.

Le macaron n'est pas seulement quelque chose qui se mange, il est aussi la source d'inspiration pour un grand nombre d'articles décoratifs ou des gadgets. Avec le boum des « Sweets Deco » au Japon, on le retrouve en stickers, en porte-clés, en magnets pour le frigo, en pendentifs pour le sac à main, car sa forme et ses couleurs tellement adorables sont idéales pour la décoration.

Enfin, le macaron est également utilisé pour la bonne cause.

ceux-ci：ses pâtissiers italiens を指す． **bagages** (m.)：複数で「荷物」． **recette** (f.)：レシピ． **Il s'est répandu**：Il は macaron を指す．動詞は se répandre（広まる）． **entier, entière**：全体の． **selon...**：～によると． **celui qui...**：～であるそれ．celui は macaron を指す． **populaire**：人気がある． **hamburger à la crème**：クリームの入ったハンバーガー． **fameux, fameuse**：有名な． **collerette** (f.)：飾り襟． **pied** (m.)：マカロンが上手に焼けると，上下の生地の周囲にフリルのような pied ピエができる． **coque** (f.)：殻．ここではクリームを挟んでいる上下の生地部分を指す．

第3段落

engouement (m.) **pour...**：～への熱狂． **Vogue**：ファッション雑誌『ヴォーグ』． **surnommer**：あだ名をつける． **pastry**：ペストリー，菓子（英単語）． **l'a lancé**：l' は engouement pour le macaron（マカロンの大人気）を指す．lancer は「始める」の意味．（1980年代にマカロンの人気がパリで高まったのは確かなことだが，その火付け役であることを主張する菓子店はほかにもある．） **carrière** (f.)：キャリア． **Lenôtre**：パリの有名菓子店「ルノートル」． **cette fois**：この時は． **Fauchon**：パリの有名食料品店フォション． **pistache** (f.)：ピスタチオ． **concurrent(e)**：競争相手． **course** (f.)：競争．

第4段落

se manger：食べられる．manger が代名動詞になることにより，受動態の意味が加わっている． **article** (m.) **décoratif**：装飾するための品物． **gadget** (m.)：アイディア商品． **boum** (m.)：流行． **Sweets Deco**：スイーツデコ．粘土などでまるで本物のように作られたお菓子． **le retrouve**：それ（マカロン）を見出す． **sticker** (m.)：ステッカー（英語からの外来語）． **porte-clés** (m.)：キーホルダー．複数でも porte に s はつけない． **magnet** (m.)：マグネット． **frigo** (m.)：冷蔵庫． **pendentif** (m.) **pour le sac à main**：ハンドバッグにつけるペンダント，チャーム． **adorable**：とてもかわいい．

第5段落

pour la bonne cause：正当な理由で．

Depuis plus de dix ans, Pierre Hermé organise au Japon le « Macaron Day » pour lequel des macarons spéciaux sont créés et vendus dans des coffrets originaux conçus par des artistes japonais. Cet événement permet de récolter des fonds qui seront versés à des associations caritatives œuvrant pour les enfants atteints de maladies rares.

Le macaron, un petit gâteau qui remporte toujours un grand succès.

Pierre Hermé, Jour du macaron
https://www.youtube.com/watch?v=3MOtDsaEYp4&frags=pl%2Cwn

文を組み立てる

この本の後半（10課～18課）では，文の分解ではなく，単純な構造の複数の文を組み合わせて，より複雑な文を組み立てる練習をします．この課では，文を名詞句に変え，動詞 entraîner を利用する練習を行います．以下は本文からの抜粋に手を加えたものです．

Depuis le milieu des années 90, les macarons se vendent comme des petits pains au Japon. Plusieurs jeunes pâtissiers français ont été sollicités pour venir les fabriquer ici même.

(1)　1番目の文は，マカロンへの「高い人気 engouement」を表しています．ですから名詞 engouement を使って，「90年代中頃からの日本でのマカロンへの高い人気」という長い名詞句に変えることができます．

L’engouement pour les macarons depuis le milieu des années 90 au Japon

Macaron Day：マカロンデー．ピエール・エルメが始めた慈善活動．日本では毎年夏至の日に行われる． **pour lequel**：それ（マカロンデー）のために． **spéciaux**：spécial（特別の）の複数形． **coffret** (m.)：小箱． **originaux**：original（独創的な）の複数形． **conçu(e) par...**：～によって考案された． **récolter**：集める． **fonds** (m.)：単複同形 fonds．資金． **seront versés**：verser（支払う）の受動態単純未来形． **association** (f.) **caritative**：慈善団体． **œuvrant**：œuvrer（活動する）の現在分詞． **atteint de...**：～におかされた． **maladie** (f.) **rare**：難病．

第5段落

remporter：もたらす．

Sébastien Bouillet
https://www.youtube.com/watch?v=7O-3bW_pigs&frags=wn

---

(2)　2番目の文は，名詞「懇願 sollicitation」を使って，「まさにここでそれ等を作りに来るようにというフランスの何人もの若い菓子職人への，懇願」という長い名詞句に変えることができます．

la sollicitation de plusieurs jeunes pâtissiers français pour venir les fabriquer ici même

(3)「マカロンへの人気」が原因となり，「職人への懇願」が生じました．ですから「引き起こす」という動詞を利用して，「原因＋ entraîner ＋結果」という1つの文にまとめることができます．

L'engouement pour les macarons depuis le milieu des années 90 au Japon a entraîné la sollicitation de plusieurs jeunes pâtissiers français pour venir les fabriquer ici même.

組み立て問題

前ページと同じ処理をして，次の２つの文を entraîner で１つにまとめましょう．

Depuis la fin des années 2000, les articles de « Sweets Deco » se vendent bien au Japon. Un rayon a été ouvert dans beaucoup de magasins pour vendre ces accessoires. 2000年代終わりから，日本では「スイーツデコ」の商品がよく売れています．その売り場がたくさんの店に開設され，これらのアクセサリーを売っています．

(1) １番目の文を L'engouement pour...（～への高い人気）という名詞句に変えます．
(2) ２番目の文を l'ouverture de...（～の設置）という名詞句に変えます．
(3) 上で作った２つの名詞句を，entraîner の複合過去形で結びます．

使ってみよう

モデル文（本文からの抜粋に手をくわえたもの）

Le macaron s'est ensuite répandu dans la France entière, prenant des formes différentes selon les régions.

現在分詞を利用して，「○○は△△しました．××しながら（現在分詞）．」の構文を使って作文しましょう．

(1) そしてマカロンは日本中に広まりました．その過程で，わさびや味噌のような日本の香りを取り込んで豊かになりながら．

ヒント：～を取り込んで豊かになる s'enrichir de...，wasabi と miso は男性名詞にしてください．

(2) ティーサロン「ラデュレ」は1990年頃破産の危機にありましたが，その後状況を立て直しました．自分たちのマカロンのおかげで，新たなお客をひきつけながら．

ヒント：ティーサロン salon (m.) de thé，ラデュレ Ladurée（フランスの有名菓子店），～年頃 vers...，破産 faillite (f.)，～の危機にある au bord de...，立て直す redresser，ひきつける attirer

語彙を増やそう

日　本　語	フランス語
売れる［代名動詞］	se vendre
売る［動詞］	
売却しやすい［形容詞］	
売子・店員［名詞］	
売却済みの［形容詞］	
販売［名詞］	

文法　複合過去　助動詞 avoir

すべての他動詞と，多くの自動詞は，複合過去を作る時に助動詞 avoir を使います．他動詞・自動詞の別は，辞書に記載があります．自動詞の場合，助動詞に être を使う場合だけ辞書にその旨記してあるので，何も記載がない場合は助動詞には avoir を使いましょう．

例：（本文から）

・Sébastien Bouillet a eu un véritable coup de cœur pour le Japon.（他動詞 avoir の複合過去）

・L'engouement actuel pour le macaron a commencé à Paris dans les années 80.（自動詞 commencer の複合過去）

文法問題

changer, créer, travailler から適切な動詞を選び，複合過去にしてかっこをうめましょう．

(1) D'abord, Pierre Hermé (　　　　　　　　　　) chez Lenôtre.

(2) Ensuite, il (　　　　　　　　　　) de maison.

(3) Finalement, il (　　　　　　　　　　) sa propre maison, *Pierre Hermé*.

本文の和訳

1個が200円！この丸くて直径3～4センチの小さなお菓子ですが，高すぎませんか？そしてあの色，ピンク，青，黄色や緑，あの色は鮮やかすぎませんか？「いいえ，全然！」と日本の女性は答えることでしょう．なぜならば90年代の中頃から，日本でマカロンは飛ぶように売れているからです．常に増え続ける消費者からの要求に答えるために，何人もの若いフランス人菓子職人がまさにここ（日本）に来て，こんなにも求められている物［マカロン］を作るように懇願されました．2006年，この好機［日本への招待］を得たリヨンのセバスチャン・ブイエは日本に惚れ込み，今では5軒の日本のデパートに販売ブースを持っています．ブイエ氏は大きな成功を収めており，チョコレートでコーティングされたマカロン「マカリヨン」などの新たな創作で私たちを驚かせ続けています．マカリヨンには，金箔をちりばめたバージョンもあるのです．

［フランスに］古くからあるマカロンは，イタリアが発祥です．16世紀，カトリーヌ・ド・メディシスがアンリ2世王との結婚のためにフランスに来た時，イタリアの菓子職人たちを一緒に連れて行ったのです．そしてこの人たち［イタリアの菓子職人］が，自分たちの荷物の中にマカロンのレシピを入れて持ってきたのです．その後マカロンはフランス全土に広まり，地方によって様々な形になりました．しかしもっとも人気があるマカロンは，パリのマカロンです．パリのマカロンはクリーム入りのミニハンバーガーの形をしていて，［上下の］生地の間に「ピエ」と呼ばれるあの有名な縁［ふち］の部分があります．

現在のマカロンの大人気は，80年代にパリで始まりました．それは雑誌『ヴォーグ』が「お菓子のピカソ」というあだ名をつけたピエール・エルメが始めたものなのです．エルメは，そのキャリアを14歳の時にルノートルで始めました．1986年，この時はフォションで，マカロンの3つの新しい風味を作り出しました．レモン，ピスタチオ，ばらです．これ以降，数多くのライバルたちが［マカロンの］競争に参入しました．

マカロンは食べるためだけの物ではありません．数多くの装飾用品やアイディア商品に，インスピレーションを与えてもいるのです．日本では「スイーツデコ」のブームがおきていて，ステッカー，キーホルダー，冷蔵庫につけるマグネット，ハンドバッグ用のチャームにマカロンが見出せます．その形と色がとてもかわいいので，装飾に理想的だからです．

そして最後に，マカロンは正当な目的のためにも使われています．10年以上も前からピエール・エルメは日本で「マカロンデー」を企画しています．この日のために，特別なマカロンが創作され，日本のアーティストによって考案された独創的な箱に入れて販売されるのです．このイベントは資金集めを可能にし，その資金は難病におかされた子どもたちのために活動する慈善団体に支払われます．

小さなお菓子マカロンですが，いつでも大きな成功をもたらしてくれます．

正解と解説

文を組み立てる

(1) L'engouement pour les articles de « Sweets Deco » depuis la fin des années 2000 au Japon

(2) l'ouverture d'un rayon dans beaucoup de magasins pour vendre ces accessoires

(3) L'engouement pour les articles de « Sweets Deco » depuis la fin des années 2000 au Japon a entraîné l'ouverture d'un rayon dans beaucoup de magasins pour vendre ces accessoires.

使ってみよう

(1) Le macaron s'est ensuite répandu dans tout le Japon, s'enrichissant au passage des parfums japonais comme le wasabi ou le miso.

(2) Le salon de thé « Ladurée », au bord de la faillite vers 1990, a redressé ensuite la situation, attirant de nouveaux clients grâce à ses macarons.

語彙を増やそう

売れる［代名動詞］se vendre / 売る［動詞］vendre / 売却しやすい［形容詞］vendable / 売子・店員［名詞］vendeur, vendeuse / 売却済みの［形容詞］vendu / 販売［名詞］vente (f.)

文法問題

(1) D'abord, Pierre Hermé (a travaillé) chez Lenôtre.　最初，ピエール・エルメはルノートルで働きました．

(2) Ensuite, il (a changé) de maison.　それから，彼は店を変えました．
解説：「changer de ＋名詞」～を変える

(3) Finalement, il (a créé) sa propre maison, *Pierre Hermé*.　最終的に，彼は自分自身の店「ピエール・エルメ」を作りました．
解説：「所有形容詞＋ propre(s) ＋名詞」は「～自身の～」という意味．

11 ガーゴイルに気をつけろ！

Gare aux gargouilles !

CD 11

Dans quelques années, lorsque les travaux de restauration de Notre-Dame seront achevés, il sera de nouveau possible de monter dans les tours. De là, on peut non seulement contempler un magnifique panorama de la capitale française, mais aussi observer de plus près les chimères et les gargouilles de la cathédrale. Les chimères sont de simples décorations mais les gargouilles remplissent une fonction bien précise : elles permettent d'évacuer l'eau de pluie le plus loin possible des façades qui, sinon, s'abîmeraient. C'est pourquoi les gargouilles ont été installées de façon à dépasser dans le vide. Elles servent, bien sûr, en plus, à décorer mais aussi à... protéger l'édifice des forces du mal.

À Notre-Dame comme ailleurs, les gargouilles représentent généralement des animaux d'aspect grotesque et effrayant. Du reste, elles se ressemblent toutes, avec des ailes, un bec, des pattes de lion et une queue de serpent. Cela n'a rien d'étonnant puisque la gargouille a vraiment existé, dit-on !

注（本文には下線を付してあります.）

第1段落

gargouille (f.)：古い石造りの建物の上部にあり，壁から突き出ている部分で，怪獣や怪人の形をしている物． **Notre-Dame**：ここではパリのノートルダム大聖堂を指す．Notre-Dameという名の教会はフランス各地にある． **De là**：そこから． **contempler**：眺める． **de plus près**：より近くから．de prèsは「近くから」の意味． **chimère** (f.)：パリのノートルダムの鐘楼上部にある怪物像はこの名で呼ばれる．一般的にchimère（キマイラ，キメラ）はギリシア神話に登場する怪物を指す． **remplir une fonction**：機能を果たす． **évacuer**：逃す． **façade** (f.)：建物の外面． **sinon**：そうでないと． **s'abîmeraient**：s'abîmer（傷む）の条件法現在形．sinon（そうでないと）が条件となり，その結果（傷んでしまうだろう）を表している． **dépasser dans le vide**：空中に突き出る． **servir à＋不定詞**：～をする役に立つ． **édifice** (m.)：建築物． **forces** (f.) **du mal**：悪の力．

第2段落

comme ailleurs：他所と同じように．ailleurs（別の場所で）． **d'aspect...**：～な様子をした． **effrayant(e)**：恐ろしい． **Du reste**：さらに． **toutes**：すべて．主語のelles（ガーゴイル）を指す． **aile** (f.)：翼． **bec** (m.)：くちばし． **patte** (f.)：動物の脚．人間の脚はjambe (f.)． **queue** (f.)：しっぽ． **serpent** (m.)：へび． **rien d'étonnant**：驚くべきことは何も（ない）．rienに形容詞をつける時は「rien + de +形容詞」． **..., dit-on**：～と言われている．

Au VIe siècle, un jour de l'an 520, à Rouen, un monstre a surgi des eaux de la Seine. Il avait l'apparence d'un dragon, un long corps de reptile recouvert d'écailles, des dents énormes et des yeux terrifiants rouge sang. Il crachait des masses d'eau détruisant sur son passage les maisons et les récoltes, dévorant et terrorisant les Rouennais. C'est peut-être en raison des sons gutturaux et rauques qui sortaient de sa gueule qu'on l'a appelé « Gargouille ».

Pour sauver sa bonne ville de Rouen, un prêtre, le futur Saint Romain, a promis aux habitants de les débarrasser du monstre. Il s'est rendu dans l'antre de la bête et l'a bénie d'un signe de croix. La Gargouille s'est alors apaisée et s'est couchée à ses pieds. Mais les habitants de Rouen, qui ne pouvaient pas lui pardonner ses crimes, ont décidé de la brûler vive. À la grande surprise de tous, seul le corps de la Gargouille a totalement brûlé alors que sa tête et son cou sont restés en parfait état. C'est en sa mémoire qu'on a donné plus tard son nom aux avancées de pierre des cathédrales qui recrachent l'eau de pluie.

Les gargouilles ne sont peut-être pas de simples décorations de pierre. Sachez qu'il leur arrive d'attaquer ceux qui passent trop près. En janvier 2009, au château de Vincennes, une gargouille

第3段落

Rouen：フランス西部にある町ルーアン． **monstre** (m.)：怪物． **surgir de...**：～から現れる．本文では de + les eaux となり，縮約 des が起きている． **Seine** (f.)：セーヌ川．セーヌ川はパリを通ったあと北西へ向かい，ルーアンを通ってから，イギリス海峡へと注ぐ． **apparence** (f.)：外見． **corps** (m.)：胴体．単数形が corps. **reptile** (m.)：へび． **recouvert d'écailles** (m.)：うろこでおおわれた． **terrifiant(e)**：人に恐怖心を与える． **cracher**：吐く． **des masses de...**：大量の～． **détruisant**：動詞 détruire（破壊する）の現在分詞． **sur son passage**：その道すがら． **récolte** (f.)：収穫物． **dévorant**：動詞 dévorer（むさぼり食う）の現在分詞． **terrorisant**：動詞 terroriser（恐れおののかせる）の現在分詞． **Rouennais(e)**：ルーアンの人． **C'est... qu'**：peut-être から de sa gueule までの部分を目立たせる強調構文． **en raison de...**：～を理由とする． **gutturaux**：喉から出て来る．単数形は guttural(e). 男性複数形は -al が -aux となり，gutturaux. **rauque**：しゃがれた． **gueule** (f.)：動物の口．人間の口は bouche (f.).

第4段落

sauver：救済する． **prêtre** (m.)：神父． **futur(e)**：未来の． **Saint Romain**：聖ロマン（聖人）． **les débarrasser du...**：débarasser A de B（A から B を取り除く）．本文では，A が les（ルーアンの人々），B が monstre になっている． **s'est rendu**：動詞 se rendre（出向く）の複合過去形． **antre** (m.)：野獣が住んでいるような洞穴． **bête** (f.)：野獣． **bénir + 人**：～に恵みを垂れる． **signe** (m.) **de croix**：十字を切る仕草． **s'apaiser**：静かになる． **lui pardonner ses crimes**：pardonner A à B（B に対して A を許す）．本文では，A が ses crimes，B が lui（ガーゴイル）になっている． **la brûler vive**：brûler vif（火あぶりにする）．代名詞 la はガーゴイルを指すので，vif が女性形 vive になっている． **alors que**：これに対し（対立を表す接続表現）． **cou** (m.)：首． **état** (m.)：状態． **en sa mémoire**：それ（ガーゴイル）を記憶に残すために． **avancée** (f.)：突出部． **recracher**：吐き出す．

第5段落

Sachez：動詞 savoir（知る）の命令形． **il arrive à 人 de + 不定詞**：誰々が～することがおこる．主語 il は非人称． **ceux qui...**：～する人々． **château** (m.) **de Vincennes**：パリの東の郊外にある中世の城．

de 80 kilos est tombée juste à côté d'une voiture garée. Elle n'a fait, heureusement, aucune victime ni aucun dégâts. Pour cette fois...

文を組み立てる

単純な構造の複数の文を組み合わせて，より複雑な文を組み立てる練習をしましょう．この課では，文を名詞句に変えて，それを次の文の主語にする練習を行います．以下は本文からの抜粋に手を加えた文章です．

> Toutes les gargouilles se ressemblent, avec des ailes, un bec, des pattes de lion et une queue de serpent. Cela n'a rien d'étonnant puisque la gargouille a vraiment existé, dit-on.

(1)　１番目の文は，「～の類似 la ressemblance entre...」を使って，「～を持つことによる，すべてのガーゴイルの類似」という表現に書きかえることができます．

組み立て問題

上と同じ処理をして，次の２つの文を１つにまとめましょう．

La Gargouille se repent sur un signe de croix de Saint Romain. Cela n'a cependant rien d'apitoyant pour les habitants de Rouen puisqu'elle a fait tant de dégâts et de victimes.　ガーゴイルは，聖ロマンの十字を切る仕草で悔い改めました．しかしこのことは，ルーアンの人たちに対して何の哀れみも生じさせませんでした．なぜならばガーゴイルは，あまりにもたくさんの損害と犠牲者を作り出していたからです．

garé(e)：動詞 garer（駐車する）の過去分詞.　**dégâts** (m.)：損害.

gargouilles de Notre Dame
https://www.youtube.com/watch?v=eS2L2v7dkZ8&frags=pl%2Cwn

La ressemblance entre toutes les gargouilles, avec des ailes, un bec, des pattes de lion et une queue de serpent

⑵　上の１番で作った表現を，２番目の文の主語 Cela と置きかえましょう．すると，最初の２つの文を１つの文「〜の類似は，〜だ」にまとめることができます．

La ressemblance entre toutes les gargouilles, avec des ailes, un bec, des pattes de lion et une queue de serpent, n'a rien d'étonnant puisque la gargouille a vraiment existé, dit-on.

⑴　le repentir (m.)（悔い改めること）を使って，１番目の文を「聖ロマンの十字を切る仕草によるガーゴイルの悔悛」という長い名詞句に変えましょう．
⑵　上の１番で作った名詞句を，２番目の主語 Cela と置きかえ，「〜によるガーゴイルの悔悛は，〜だ」という１つの文にまとめましょう．

使ってみよう

モデル文（本文からの抜粋）

Elles permettent d'évacuer l'eau de pluie le plus loin possible des façades qui, sinon, s'abîmeraient.

« ..., qui, sinon, ... »「○○は△△です．そうでなければ，それは××してしまうでしょう（条件法現在形）.」の構文を使って作文しましょう．

(1) 聖ロマンはガーゴイルを鎮めることに成功しました．そうでなければ，それ（ガーゴイル）は悪事を続けていたことでしょう．

ヒント1：鎮める apaiser，成功する réussir，悪事 méfait (m.)

ヒント2：「続けていたことでしょう」は，過去の出来事に関する想像ですので，条件法過去形を使います．

________________________ qui, sinon, ________________________.

(2) 幸いなことに，ヴァンセンヌのガーゴイルは駐車してあった車の上に直接には落ちませんでした．そうでなければ，それ（車）は完全に破壊されていたことでしょう．

ヒント1：直接に directement，完全に complètement，破壊する détruire

ヒント2：「破壊されていたことでしょう」は，過去の出来事に関する想像ですので，条件法過去形を使います．そして，受動態になります．

________________________ qui, sinon, ________________________.

語彙を増やそう

日　本　語	フランス語
ガーゴイル［名詞］	gargouille (f.)
水のごぼごぼいう音［名詞］	
水がごぼごぼ音をたてる［動詞］	
うがい［名詞］	
うがいをする［代名動詞］	

文法　複合過去　助動詞 être

① 一部の自動詞は，複合過去を作る時に助動詞 être を使います．助動詞に être を使う場合だけ辞書にその旨記してあります．主語と過去分詞の一致があります．

例：(本文から)

・Sa tête et son cou sont restés en parfait état.

・Une gargouille de 80 kilos est tombée juste à côté d'une voiture garée.

② すべての代名動詞は助動詞に être を使います．過去分詞の一致は，①再帰代名詞が直接目的補語の場合，②その動詞が代名動詞としてしか存在しない場合に行います．

例：(一部本文から)

・Il s'est rendu dans l'antre de la bête. (rendre は直接目的補語をとるので，se rendre の再帰代名詞 se も直接目的補語になります．)

・La Gargouille s'est apaisée. (apaiser は直接目的補語をとるので，s'apaiser の s' も直接目的補語になります．したがって -e の一致があります．)

・La gargouille et Saint Romain ne se sont pas parlé. (parler は間接目的補語をとるので，se parler の se も間接目的補語になります．したがって過去分詞の一致はありません．)

文法問題

mourir, monter, aller, se repentir から適切な動詞を選び，複合過去にしてかっこをうめましょう．

(1) Je (　　　　　　　) à Notre-Dame de Paris, et je (　　　　　　　) dans les tours pour regarder les gargouilles.

(2) D'après la légende, beaucoup d'habitants de Rouen (　　　　　　　) à cause de la Gargouille.

(3) La Gargouille (　　　　　　　) sur un signe de croix de Saint Romain.

本文の和訳

数年後，ノートルダムの修復工事が終わったら，私たちは再びその塔に上ることができるようになるでしょう．そこ［塔］からは，フランスの首都のすばらしいパノラマが眺められるだけでなく，大聖堂の怪物像やガーゴイルをより近くから見ることができます．怪物像は単なる装飾物ですが，ガーゴイルはちゃんとした機能を果たしています．ガーゴイルは，雨水を壁からできるだけ遠くに逃すことに役立っているのです．そうでないと，壁は［雨水により］傷んでしまうことでしょう．この理由で，ガーゴイルは空中に突き出る形で設置されたのです．もちろんこのことに加えて，ガーゴイルは装飾としても役立っていますし，さらに…　悪の力から建物を守ることにも役立っているのです．

他所と同じようにノートルダムでも，ガーゴイルは全般的にグロテスクで恐ろしい様子をした動物を表しています．さらに，ガーゴイルはすべてがよく似ています．翼，くちばし，ライオンの脚，そしてへびのしっぽを持っているのです．これは何も驚くべきことではありません．なぜならば，ガーゴイルは実際に存在したからです，と言われています．

6世紀，520年のある日，ルーアンで，セーヌ川の水から1匹の怪物が現れました．その怪獣はドラゴンの外見で，うろこでおおわれたへびの長い胴体，大きな歯，そして血のような赤い色をした恐ろしい目を持っていました．怪獣は大量の水を吐き，その道すがら家や収穫物を破壊し，ルーアンの人たちをむさぼり食って恐れおののかせました．もしかすると，その口から発せられていた喉から出て来るようなしゃがれ声のせいで，「ガーゴイル」［フランス語で発音すると喉からの音として感じられます］という名がつけられたのかもしれません．

ルーアンの良き町を救うために，将来聖ロマンとなる神父が，ルーアンの住民に対し，怪獣を取り除いてあげることを約束しました．彼は野獣の洞穴におもむき，十字を切る仕草で野獣に恵みを垂れました．するとガーゴイルはおとなしくなり，彼の足元に横たわりました．しかしルーアンの人々はガーゴイルに対しその罪を許すことができず，それを火あぶりにすることを決めました．みながとても驚いたことに，ガーゴイルの胴体だけが完全に燃え尽き，一方でその頭部と首は完全な状態で残ったのでした．後日，雨水を吐き出す大聖堂の石の突出部に，ガーゴイルの名がつけられました．ガーゴイルのことを記憶に残すためです．

もしかすると，ガーゴイルは単なる石の装飾ではないのかもしれません．あまりにも近くを通る人たちを攻撃することもあり得るということを知っておいて下さい．2009年1月ヴァンセンヌ城で，80キロのガーゴイルが駐車してあった車のすぐ横に落ちました．幸いなことに1人の被害者も何の損害も出ませんでした．この時は…

正解と解説

文を組み立てる

(1) Le repentir de la Gargouille sur un signe de croix de Saint Romain

(2) Le repentir de la Gargouille sur un signe de croix de Saint Romain n'a cependant rien d'apitoyant pour les habitants de Rouen puisqu'elle a fait tant de dégâts et de victimes.

使ってみよう

(1) Saint Romain a réussi à apaiser la Gargouille qui, sinon, aurait continué ses méfaits.
解説：条件法過去形は「助動詞の条件法現在 aurait ＋過去分詞 continué」となります.

(2) Heureusement, la gargouille de Vincennes n'est pas tombée directement sur la voiture garée qui, sinon, aurait été complètement détruite.
解説：受動態の条件法過去形は「êtreの条件法過去形 aurait été ＋過去分詞 détruite」となります.

語彙を増やそう

ガーゴイル［名詞］gargouille (f.) / 水のごぼごぼいう音［名詞］gargouillement (m.) / 水がごぼごぼ音をたてる［動詞］gargouiller / うがい［名詞］gargarisme (m.) / うがいをする［代名動詞］se gargariser

文法問題

(1) Je (suis allé[e]) à Notre-Dame de Paris, et je (suis monté[e]) dans les tours pour regarder les gargouilles. 私はパリのノートルダムに行き，ガーゴイルを見るために塔に上りました.

(2) D'après la légende, beaucoup d'habitants de Rouen (sont morts) à cause de la Gargouille. 伝説によると，ガーゴイルのせいで多くのルーアンの住民が亡くなりました.

(3) La Gargouille (s'est repentie) sur un signe de croix de Saint Romain. ガーゴイルは，聖ロマンの十字を切る仕草で悔い改めました.
解説：se repentir は代名動詞としてしか存在しないので，過去分詞を一致させます．repentir (m.) は「悔悛」という意味の名詞です.

12

ブルゴーニュのエスカルゴはどこへ行ってしまったのか？

Où sont passés les escargots de Bourgogne ?

Les fouilles archéologiques révèlent que les escargots étaient déjà au menu de l'homme des cavernes. Les Grecs et les Romains les appréciaient énormément et c'est d'ailleurs un Romain, Fulvius Harpinius, qui a inventé l'escargotière pour en faire l'élevage. Si l'escargot a connu des hauts et des bas de popularité dans les cuisines au cours des siècles, c'est au XIXe qu'il a gagné sa renommée avec les « escargots à la bourguignonne », un des plats typiques de la cuisine française qui a une réputation mondiale.

Comme le nom de ce plat l'indique, la Bourgogne était la région privilégiée des escargots à cette époque. L'anecdote suivante le confirme bien. Pendant la construction de la ligne de chemin de fer entre Paris et la Méditerranée, devant la quantité d'escargots présents sur une colline de Bourgogne, les ingénieurs ont finalement décidé de creuser un tunnel pour faire passer le train. En effet, ils craignaient que la bave d'escargot ne rende les rails trop glissants si on les posait à ciel ouvert dans cette zone !

注（本文には下線を付してあります.）

第1段落

fouilles (f.) **archéologiques**：考古学の発掘作業. **révéler**：明かす. **être au menu**：献立に載っている. **homme** (m.) **des cavernes**：洞穴に住んでいた人類. 穴居（けっきょ）人. **d'ailleurs**：それに. **escargotière** (f.)：かたつむりの養殖設備. **en**：l'élevage d'escargots の d'escargots の部分が代名詞になったもの. **élevage** (m.)：飼育. **Si...**：～しはしましたが. 譲歩を表す si. **connaître des hauts et des bas**：浮き沈みを経験する. **popularité** (f.)：人気. **au cours de...**：～の間に. **renommée** (f.)：名声. **escargots à la bourguignonne**：エスカルゴのブルゴーニュ風. にんにくなどを入れたバターを殻に詰めて調理されたエスカルゴ. **typique**：典型的な. **réputation** (f.)：評判.

第2段落

Comme... l'indique：～がそのことを示しているように. **privilégié(e)**：恵まれた. **anecdote** (f.)：逸話. **le confirme bien**：そのこと（ブルゴーニュにたくさんのエスカルゴがいたこと）をよく確認できる. **chemin** (m.) **de fer**：鉄道. **Méditerranée** (f.)：地中海. **devant...**：を前にして. **colline** (f.)：丘. **ingénieur** (m.)：技術者. **creuser**：掘る. **tunnel** (m.)：トンネル. **faire passer**：通す.「faire＋不定詞」で使役. **En effet**：実際に. **craignaient**：動詞 craindre（恐れる）の半過去形. **bave** (f.)：（かたつむりなどの）粘液. **ne rende**：動詞 rendre...（～にする）の接続法現在形. ne は craindre にともなって使われた虚辞の ne. **rail** (m.)：レール. **glissant(e)**：滑りやすい. **à ciel ouvert**：露天の.

Quel contraste avec la situation actuelle ! En effet, les escargots sont devenus rares en Bourgogne. Ils ont été décimés par le ramassage intensif ainsi que l'utilisation croissante des pesticides et des désherbants qui ont ruiné leur habitat. De nos jours, sur les 40 000 tonnes consommées chaque année en France, 10 % seulement proviennent vraiment de Bourgogne. Le reste est importé de Turquie, d'Europe de l'Est ou de Chine.

Il y a quelques années, les escargots ont fait beaucoup parler d'eux au Japon. En effet, on a observé une multiplication soudaine de « petits-gris », une espèce comestible d'origine européenne, dans un grand ensemble à Osaka. Quelques audacieux ont bien tenté de les cuisiner en suivant scrupuleusement la recette traditionnelle mais le « Beurk ! » a été unanime. Le petit-gris d'Osaka n'avait donc aucune chance de supplanter le « gros-blanc » de Bourgogne. Quant aux experts, ils ont finalement ordonné de détruire ces intrus en déclarant qu'ils risquaient de perturber l'écosystème japonais !

L'escargot de Bourgogne est aujourd'hui une espèce protégée en France. Une loi de 1979 interdit son ramassage du 1er avril au 13 juin, durant la saison de reproduction. Le reste de l'année, on

第3段落

rare：珍しい．　**décimer**：大量に殺す．　**ramassage** (m.)：集めること．　**intensif, intensive**：徹底的な．　**pesticide** (m.)：農薬．　**désherbant** (m.)：除草剤．　**ruiner**：荒廃させる．　**habitat** (m.)：生息地．　**De nos jours**：今日では．　**sur +数**：～のうち．　**provenir de...**：～から来ている．　**reste** (m.)：残り．

第4段落

faire parler de...：～が話題となる．　**observer**：観察する．　**multiplication** (f.)：増殖．　**soudain(e)**：急激な．　**petit-gris** (m.)：ヒメリンゴマイマイという種につけられたあだ名．ヒメリンゴマイマイよりも，ブルゴーニュ産のリンゴマイマイの方が大きくて，よりおいしいとされている．　**espèce** (f.)：種．　**comestible**：食用の．　**ensemble** (m.)：団地．　**audacieux, audacieuse**：大胆な人．　**tenter de +不定詞**：～しようと試みる．　**les cuisiner**：それら (petits-gris) を調理する．　**en suivant**：動詞 suivre（従う）のジェロンディフ．　**scrupuleusement**：綿密に．　**Beurk**：食べた物を吐き出す時の音．　**unanime**：全員一致の．　**ne... aucune chance**：チャンスは万に一つもない．　**supplanter...**：～の地位を奪う．　**gros-blanc** (m.)：ブルゴーニュのリンゴマイマイにつけられたあだ名．　**Quant à...**：～はというと．　**expert** (m.)：専門家．　**ordonner de +不定詞**：～するように命じる．　**intrus(e)**：闖入者．　**ils risquaient de...**：ils は ces intrus (petis-gris) を指す．「主語＋ risquer de ＋不定詞」（～は～する危険性がある）の構文．　**perturber**：乱す．　**écosystème** (m.)：生態系．

第5段落

protégé(e)：保護された．　**interdire**：禁止する．　**durant...**：～の間．　**reproduction** (f.)：繁殖．

ne peut collecter que les escargots dont la coquille fait au moins 3 cm de diamètre.

文を組み立てる

単純な構造の複数の文を組み合わせて，より複雑な文を組み立てる練習をしましょう．この課では，１つの文を de peur que... で始まる従属節に変えて，主節につなげる練習を行います．以下は本文からの抜粋に手を加えた文章です．

Devant la quantité d'escargots présents sur une colline de Bourgogne, les ingénieurs ont finalement décidé de creuser un tunnel pour faire passer le train. En effet, ils craignaient que la bave d'escargot ne rende les rails trop glissants !

組み立て問題

上と同じ処理をして，次の２つの文を１つにまとめましょう．

Devant la quantité de petits-gris présents dans un grand ensemble à Osaka, les services vétérinaires ont effectué plusieurs opérations d'éradication. Ils craignaient que les petits-gris ne perturbent l'écosystème au Japon.

ヒント：service (m.) 局・課，vétérinaire 獣医の，effectuer 実施する，éradication (f.) 根絶

ne... que...：～なエスカルゴしか採取することができない．**dont**：la coquille (de ces escargots) のかっこ内の部分が関係代名詞 dont になっている．**au moins**：少なくとも．**... de diamètre**：直径～の．

Bourgogne, escargots élevage et dégustation
https://www.youtube.com/watch?v=GLbySa8N_G0&frags=pl%2Cwn

---

(1) ２番目の文を，de peur que...（～となることが怖かったから）で始まる節に書きかえましょう．

de peur que la bave d'escargot ne rende les rails trop glissants

(2) 上の(1)で作った節を，１番目の文にそのままつなげます．

Devant la quantité d'escargots présents sur une colline de Bourgogne, les ingénieurs ont finalement décidé de creuser un tunnel pour faire passer le train de peur que la bave d'escargot ne rende les rails trop glissants !

---

(1) ２番目の文を，de peur que...（～となることが怖かったから）で始まる節に書きかえましょう．
(2) 上の(1)で作った節を，１番目の文にそのままつなげます．

使ってみよう

モデル文（本文からの抜粋）

Comme le nom de ce plat l'indique, la Bourgogne était la région privilégiée des escargots à cette époque.

Comme le nom de... l'indique, ...「○○という名がそのことを示しているように，△△は××なのです」の構文を使って作文しましょう．

(1) petit-gris というあだ名がそのことを示しているように，この種のエスカルゴは小さなサイズなのです．

ヒント：あだ名 surnom (m.)，この種の～ cette espèce de...，～なサイズだ être de... taille (f.)

(2) gros-blanc というあだ名がそのことを示しているように，ブルゴーニュのエスカルゴは，petit-gris よりも丸々として大きいのです．

ヒント：丸々として大きい gros

語彙を増やそう

日　本　語	フランス語
ブルゴーニュ地方［女性名詞］	Bourgogne (f.)
ブルゴーニュワイン［男性名詞］	
ブルゴーニュの［形容詞］	
ブルゴーニュ地方の人［名詞］	

文法　半過去

半過去は，①過去のある時点での状況，②以前の習慣，③できごとの背景などを表す時に使います．

例：（本文から）

・Les escargots étaient déjà au menu de l'homme des cavernes.（過去のある時点での状況）

・Ils risquaient de perturber l'écosystème japonais.（できごとの背景）

文法問題

aimer, être, pouvoir から適切な動詞を選び，半過去にしてかっこをうめましょう．

(1)　Les Grecs et les Romains (　　　　　　　　) bien manger des escargots.

(2)　Avant 1979, on (　　　　　　　　) ramasser les escargots toute l'année.

(3)　Les escargots d'Osaka (　　　　　　　　) des petits-gris.

本文の和訳

考古学の発掘作業により，かたつむりは穴居人がすでに食していたことが明らかになっています．ギリシャ人やローマ人はエスカルゴが大好物でしたし，その養殖を行うためのエスカルゴ養殖設備を発明したのもローマ人の Fulvius Harpinius でした．エスカルゴは何世紀もの間，調理場における人気の浮き沈みを経験したものの，19世紀になって「エスカルゴのブルゴーニュ風」で名声を得ました．これはフランス料理の典型的な一皿で，世界で評判を得ています．（注：フランスではルネサンス以降，エスカルゴは風味の乏しい肉とされていました．）

この料理名がそのことを示しているように，当時ブルゴーニュは格別たくさんのエスカルゴがいた地域でした．次の逸話で，そのことがよく確認できます．パリと地中海を結ぶ鉄道の路線の建設の際，ブルゴーニュの丘に存在するエスカルゴの量の多さを目の当たりにした技術者たちは，トンネルを掘って列車を通すことを決めたのです．実際に技術者たちは，この地域で露天にレールを設置した場合，エスカルゴの粘液がレールをあまりにも滑りやすくしてしまうことを恐れたのでした！

これは，現状とはなんという違いでしょう！実際のところエスカルゴは，ブルゴーニュでは希少的存在になってしまったのです．徹底的な収集や，殺虫剤と除草剤の使用の高まりによって生息地が荒れたことにより，エスカルゴは大量に殺されてしまいました．今日では，毎年フランスで消費される４万トンのうち，わずか10%だけが本当のブルゴーニュ産です．残りは，トルコ，東欧，または中国から輸入されています．

数年前，日本でエスカルゴが大きな話題となりました．大阪の大団地で，ヨーロッパ原産の食用種である「ヒメリンゴマイマイ」が急激に増殖したことが観察されたのです．何人かの大胆な人たちがそれらの調理に挑戦しました．伝統的なレシピに厳密に従って調理したのですが，全員が「オエッ！」という反応でした．ですから，大阪の petit-gris がブルゴーニュ産の gros-blanc にとってかわる［より人気が出る］というチャンスは万に一つもありませんでした．専門家［の反応］はというと，彼らは結局これらの闖入者を全滅させるように命令を出しました．petits-gris が日本の生態系を乱してしまう危険性を持っていると表明したのです．

ブルゴーニュのエスカルゴは，現在ではフランスで保護されている種です．1979年の法律が，繁殖期の間の４月１日から６月13日までの採取を禁じています．１年の残りの期間では，殻の直径が少なくとも３センチあるエスカルゴしか採取が許可されていません．

正解と解説

文を組み立てる

(1) de peur que les petits-gris ne perturbent l'écosystème au Japon

(2) Devant la quantité de petits-gris présents dans un grand ensemble à Osaka, les services vétérinaires ont effectué plusieurs opérations d'éradication de peur que les petits-gris ne perturbent l'écosystème au Japon. 大阪の大団地での petits-gris の量の多さを目の当たりにした獣医局は，いくつもの根絶作戦を実施しましたが，これは petits-gris が日本の生態系を乱すことを恐れてのことです．

使ってみよう

(1) Comme le surnom de « petit-gris » l'indique, cette espèce d'escargot est de petite taille.

解説：petit や grand は名詞に前置する形容詞ですので，être de petite taille, être de grande taille という語順になります．「平均的なサイズだ」と言いたい時は，moyen が後置の形容詞ですので，être de taille moyenne となります．

(2) Comme le surnom de « gros-blanc » l'indique, l'escargot de Bourgogne est plus gros que le petit-gris.

解説：grand は単に「大きい」という意味ですが，gros を使うと「丸々として」というニュアンスを加えることができます．

語彙を増やそう

ブルゴーニュ地方［女性名詞］Bourgogne / ブルゴーニュワイン［男性名詞］bourgogne / ブルゴーニュの［形容詞］bourguignon, bourguignonne / ブルゴーニュ地方の人［名詞］Bourguignon, Bourguignonne

文法問題

(1) Les Grecs et les Romains (aimaient) bien manger des escargots. ギリシャ人とローマ人は，エスカルゴを食べることが好きでした．

(2) Avant 1979, on (pouvait) ramasser les escargots toute l'année. 1979年以前は，一年中エスカルゴを採取することができました．

解説：本文にあるように，1979年に法律ができて，今では採取の時期と，採取できるサイズが制限されています．

(3) Les escargots d'Osaka (étaient) des petits-gris. 大阪のエスカルゴは，petits-gris でした．

13

レアメタルに乏しい日本… 本当に？

Le Japon pauvre en métaux rares... Vraiment ?

CD 13

Le développement des nouvelles technologies entraîne une augmentation considérable de l'utilisation de métaux, principalement de métaux rares. En 1980, on en avait besoin d'une dizaine seulement pour fabriquer un ordinateur. Il en faut aujourd'hui beaucoup plus. Au Japon et en France, où les sous-sols sont pauvres en gisements de métaux rares, l'intérêt pour l'exploitation des « mines urbaines » est grandissant.

L'expression « mines urbaines » désigne les métaux qui sont disséminés partout dans la société et que nous pouvons recycler. De nos jours, un portable, un ordinateur et une tablette sont des appareils indispensables. On ne cesse de nous proposer de nouveaux modèles toujours plus performants, et nous nous débarrassons des anciens avec légèreté. Pourtant, ces équipements contiennent tous des métaux et constituent de véritables « mines urbaines ». Celles-ci sont parfois plus fécondes que les mines traditionnelles du sous-sol parce que les gisements qu'elles renferment peuvent être 40 ou 50 fois plus concentrés. Dans une

注 （本文には下線を付してあります．）

第 1 段落

augmentation (f.)：増加． **considérable**：著しい． **métaux** (m.)：métal（金属）の複数形． **métaux** (m.) **rares**：希少金属． **en avait**：on avait besoin d'une dizaine de métaux rares の下線部分が代名詞 en になっている． **une dizaine de...**：約10の～． **ordinateur** (m.)：コンピューター． **Il en faut**：Il faut beaucoup plus de métaux rares の下線部分が代名詞 en になっている． **beaucoup plus**：plus（より多く）を beaucoup で強調している．比較表現 plus には très は使えない． **sous-sol** (m.)：地下．複数形が sous-sols. **pauvre en...**：～が乏しい． **gisement** (m.)：鉱脈． **exploitation** (f.)：開拓． **mines** (f.) **urbaines**：都市鉱山． **grandissant(e)**：徐々に大きくなる．

第 2 段落

sont disséminés：動詞 disséminer（散らばらせる）の受動態． **recycler**：リサイクルする． **De nos jours**：今日では． **portable** (m.)：携帯電話． **tablette** (f.)：タブレット． **appareil** (m.) **indispensable**：必要不可欠な機器． **On ne cesse de ＋不定詞**：私たちは～することを止めない．pas が省略されている． **performant(e)**：性能が良い． **nous débarrassons de...**：se débarasser de...（～を厄介払いする）． **avec légèreté**：軽い気持ちで． **équipement** (m.)：装置． **contiennent**：contenir（含む）． **tous**：すべて．ces équipements を指す． **constituer**：構成する． **véritable**：正真正銘の． **Celles-ci**：mines urbaines を指す．mines traditionnelles との対比で指示代名詞 celles が使われている． **fécond(e)**：豊かな． **traditionnel, traditionnelle**：従来の． **elles renferment**：renfermer（閉じ込める）．主語 elles は mines urbaines を指す． **... fois**：～倍． **concentré(e)**：濃縮した．

tonne de déchets électroniques, par exemple, on pourra récupérer 120 à 200 grammes d'or alors que dans une tonne de minerai extrait d'une mine, on n'en obtiendra que deux ou trois grammes. À une époque où le concept d'économie circulaire, ou économie verte, est en plein développement, les «mines urbaines» trouvent naturellement leur juste place.

Au Japon, l'exploitation des « mines urbaines » connaît un essor important avec des résultats encourageants pour l'économie. Selon une étude réalisée par des scientifiques, l'or des mines urbaines japonaises représenterait 16 % des ressources mondiales, l'argent 22 %, l'indium 16 %, l'étain 11 % et le tantale 10 %. C'est le Japon qui possèderait la plus grande quantité au monde de certains métaux !

Le ministère de l'Économie, du Commerce et de l'Industrie attache une grande importance à la récupération et au recyclage des métaux. Dans les rapports sur l'approvisionnement du pays en métaux rares, l'exploitation des mines urbaines figure parmi les quatre grandes stratégies envisagées pour s'en procurer. On préconise également l'entretien de relations diplomatiques solides avec les pays producteurs où, en échange d'infrastructures et de

tonne (f.)：トン．**déchets** (m.) **électroniques**：電子機器の廃棄物．**récupérer**：回収する．**minerai** (m.)：鉱石．**extrait de...**：～から採掘された．extrait は動詞 extraire（採掘する）の過去分詞．**en**：deux ou trois grammes d'or の下線部分を置きかえた代名詞．**obtiendra**：動詞 obtenir（得る）の単純未来形．**concept** (m.)：概念．**économie** (f.) **circulaire**：循環経済．資源の循環を目指す経済．**économie** (f.) **verte**：グリーン経済．環境にやさしい経済．**en plein...**：～の真っ最中の．**trouvent leur juste place**：ちょうど良い自分の居場所がある．**naturellement**：当然のように．

第3段落

connaître：経験する．**essor** (m.)：飛躍．**encourageant(e)**：勇気づける．**scientifique**：科学者．**représenterait**：伝聞（～らしい）を表す条件法現在形になっている．**argent** (m.)：銀．**indium** (m.)：インジウム．**étain** (m.)：錫（すず）．**tantale** (m.)：タンタル．**possèderait**：推測（～かもしれない）を表す条件法現在になっている．

第4段落

ministère de l'Économie, du Commerce et de l'Industrie：経済産業省．**attacher A à B**：AをBに与える．**récupération** (f.)：回収．**recyclage** (m.)：リサイクル．**approvisionnement** (m.) **de A en B**：AへのBの供給．**figurer**：記載されている．**stratégies** (f.)：戦略．**envisagé(e)**：動詞 envisager（企てる，計画する）の過去分詞．**s'en procurer**：se procurer（～を手に入れる）．en は des metaux rares を指す．**préconiser**：推奨する．**entretien** (m.)：維持．**diplomatique**：外交の．**solide**：堅固な．**pays** (m.) **producteur**：産出国．**en échange de...**：～と引き換えに．**infrastructure** (f.)：インフラストラクチャー．

savoir-faire, le Japon obtiendrait la garantie de l'accès à ces métaux. Parmi ceux-ci, le ministère cite le Maroc (plomb), le Niger (uranium), le Gabon (manganèse), la République démocratique du Congo (cobalt) et Madagascar (platine).

Quant à la France, en plus de l'exploitation de ses mines urbaines en métropole, elle peut compter sur la Nouvelle-Calédonie, une de ses collectivités située outre-mer et qui, selon les experts, abrite un quart des réserves mondiales de nickel.

mines urbaines, animation
https://www.youtube.com/watch?v=5p6BHfWiE0A&frags=pl%2Cwn

savoir-faire (m.)：ノウハウ． **obtiendrait**：条件法現在により，「得られるであろう」という推測のニュアンスを出している． **garantie** (f.)：保証． **ceux-ci**：pays producteurs（レアメタルの産出国）を指す． **Maroc** (m.)：モロッコ． **plomb** (m.)：鉛． **Niger** (m.)：ニジェール． **uranium** (m.)：ウラン． **Gabon** (m.)：ガボン． **manganèse** (m.)：マンガン． **République** (f.) **démocratique du Congo**：旧ベルギー領のコンゴ民主共和国．旧フランス領のコンゴ共和国に隣接する国． **cobalt** (m.)：コバルト． **Madagascar**：マダガスカル． **platine** (m.)：プラチナ．

第５段落

Quant à...：～はというと． **en plus de...**：～に加えて． **métropole** (f.)：本土．フランスは海外にも共同体を持っており，それらではなく，ヨーロッパにあるフランス本国だけを指す時に métropole という用語を使う． **compter sur...**：～をあてにする． **Nouvelle-Calédonie** (f.)：ニューカレドニア．フランスの一部だが，幅広い自治権が認められている． **collectivité** (f.)：共同体． **outre-mer**：海外． **abriter**：収容する． **un quart de...**：～の４分の１． **réserve** (f.)：埋蔵量． **nickel** (m.)：ニッケル．

文を組み立てる

単純な構造の複数の文を組み合わせて，より複雑な文を組み立てる練習をしましょう．この課では，最初の文を「avec... （～を持っているので）」という前置詞句に変えて，２番目の文につなげる練習を行います．以下は本文からの抜粋に手を加えた文章です．

Selon une étude réalisée par des scientifiques, l'or, l'argent et d'autres métaux rares des mines urbaines japonaises représenteraient plus de 10 % des ressources mondiales. C'est le Japon qui possèderait la plus grande quantité au monde de certains métaux !

(1) まず１番目の文と関係代名詞 qui を使って，「～な日本の都市鉱山の金，銀，そして他の希少金属（l'or, l'argent et d'autres métaux rares des mines urbaines japonaises qui...）」という表現を作ります．

l'or, l'argent et d'autres métaux rares des mines urbaines japonaises qui représenteraient plus de 10 % des ressources mondiales

(2) 上の(1)で作った表現の qui の直後に，「識者らが行った研究によると selon une étude réalisée par des scientifiques」を挿入します．

l'or, l'argent et d'autres métaux rares des mines urbaines japonaises qui, selon une étude réalisée par des scientifiques, représenteraient plus de 10 % des ressources mondiales

(3) 上の(2)で作った表現の前に前置詞 avec をつけて，長い前置詞句にします．そして，２番目の文をそのまま後につなげます．さらに，mines urbaines japonaises と，c'est le Japon の「日本」がだぶっていますので，japonaises を所有形容詞の ses に変えます．すると，次の文ができあがります．

Avec l'or, l'argent et d'autres métaux rares de ses mines urbaines qui, selon une étude réalisée par des scientifiques, représenteraient plus de 10 % des ressources mondiales, c'est le Japon qui possèderait la plus grande quantité au monde de certains métaux !

識者らが行った研究によると，世界の資源の10% 以上を占めているらしい都市鉱山の金，銀，その他の希少金属を持っているので，いくつかの金属の量は，日本が世界でもっとも多くを保有しているらしいのです！

組み立て問題

上と同じ処理をして，次の２つの文を１つにまとめましょう．

Selon les experts, les gisements de nickel en Nouvelle-Calédonie abriteraient le quart des réserves mondiales. On ne peut pas vraiment dire que la France est pauvre en gisements de métaux.

(1)　１番目の文と関係代名詞 qui を使って，「～なニューカレドニアのニッケル埋蔵量（les gisements de nickel en Nouvelle-Calédonie qui...）」という表現を作ります．

(2)　上の(1)で作った表現の qui の直後に，「専門家によると selon les experts」を挿入します．

(3)　上の(2)で作った表現の前に前置詞 avec をつけて，長い前置詞句にします．そして，２番目の文をそのまま後につなげます．（この問題では，どこかを所有形容詞に変える必要はありません．）

使ってみよう

モデル文（本文からの抜粋）

En échange d'infrastructures et de savoir-faire, le Japon obtiendrait la garantie de l'accès à ces métaux.

En échange de...「○○と引き換えに，△△するらしいです（条件法現在）」の構文を使って作文しましょう．

(1) 経済と技術の援助と引き換えに，これらの金属産出国は，その生産品の一部を日本に売ることを約束するらしいです．

ヒント：技術の technologique，援助 aide (f.)，～することを約束する s'engager à＋不定詞，生産品 production，～の一部 une partie de...

(2) 鉄道，港，そして水力発電所と引き換えに，中国はガボンから大量の鉄を得るらしいです．

ヒント：鉄道 chemin (m.) de fer，港 port (m.)，水力発電所 centrale (f.) hydraulique，鉄 fer (m.)，～から de la part de...

語彙を増やそう

日　本　語	フランス語
金属［名詞］	métal (m.)
金属のような光沢がある［形容詞］	
金属製の［形容詞］	
めっき［名詞］	
めっきする［動詞］	
金属工業［名詞］	
金属工業の［形容詞］	

文法　条件法現在形

条件法現在には，主に次の３つの用法があります．

用法① 現在とは異なる状況を設定し（半過去を使用），その結果を想像する（条件法現在を使用）．
Si le Japon était riche en métaux rares, il n'aurait pas besoin de mines urbaines. もし日本に豊富な希少金属があれば，都市鉱山は必要ないであろう．

用法② 断定を避け，伝聞・推測として伝える．
C'est le Japon qui possèderait la plus grande quantité au monde de certains métaux.（本文から抜粋）

用法③ 過去における未来を表す．
Il a dit : « On pourra récupérer 100 grammes d'or. »
Il a dit qu'on pourrait récupérer 100 grammes d'or.
彼は，100グラムの金が回収できるだろうと言いました．（単純未来形 pourra を条件法現在形 pourrait に変えます．）

文法問題

être，fournir，pouvoir から適切な動詞を選び，条件法現在形にしてかっこをうめましょう．

(1) La concentration de métaux rares dans les mines urbaines (　　　　　) 40 à 50 fois plus élevée que celle des gisements naturels.
ヒント：concentration (f.) 密度，élevé(e) 高い

(2) L'exploitation systématique des mines urbaines (　　　　　) éviter le risque de pénurie des métaux rare.
ヒント：systématique 徹底的な，éviter 回避させる，pénurie (f.) 欠乏

(3) On estime qu'une tonne de téléphones mobiles (　　　　　) 300 grammes d'or.
ヒント：estimer 見積もる

本文の和訳

新技術の発展は，金属，特に希少金属の使用の著しい増加を招いています．

1980年は，コンピューターを作るのにそれ［希少金属］は約10種類程度必要でした．しかし今では，［それより］はるかに多くの希少金属を必要としています．日本でもフランスでも，地下には希少金属の鉱脈が乏しいので，「都市鉱山」の開拓に関する利点が高まりつつあります．

「都市鉱山」という表現は，社会に広く散らばって存在し，それをリサイクルすることができる金属を指します．今日では，携帯電話，コンピューター，そしてタブレットは必要不可欠な機器となっています．［そして］常により性能が良い新モデルが私たちに提供され続けており，私たちは古くなったものを軽い気持ちで処分しています．しかしこれらの装置はすべて金属を含有しており，正真正銘の「都市鉱山」を形成しているのです．都市鉱山は，時には従来の地下の鉱山よりも豊かで，それが閉じ込めている埋蔵量は40から50倍も密度が高いのです．例えば電子機器の廃棄物１トンの中からは，120から200グラムの金を回収することができます．一方で鉱山から採掘された鉱石１トンの中からは，２から３グラムのそれ［金］しか採れません．循環経済やグリーン経済という概念が発展真っ盛りの今，「都市鉱山」は当然そこにぴったりとはまります．

日本では「都市鉱山」の開発が大きな飛躍をとげ，経済に関して期待の持てる結果をもたらしています．識者らが行った研究によると，日本の都市鉱山の金は世界の［金］資源の16%，銀は22%，インジウムは16%，錫は11%，そしてタンタルは10%を占めているらしいのです．［そして］いくつかの金属の量は，日本が世界でもっとも多くを保有しているらしいのです！

経済産業省は，金属の回収とリサイクルに重きを置いています．国［日本］への希少金属の供給についての報告書の中で，都市鉱山の開拓は，希少金属の入手に関して計画されている４大戦略のうち［のひとつ］に記載されています．［注：当時の情報です．］［報告書では］次のことも推奨されています．それは［レアメタルの］産出国との堅固な外交関係の維持で，これらの国々において［日本が］インフラとノウハウを提供するのと引き換えに，レアメタルへのアクセスを保証してもらえるだろうという内容です．これらの国々の中に，経済産業省はモロッコ（鉛），ニジェール（ウラン），ガボン（マンガン），コンゴ民主共和国（コバルト），そしてマダガスカル（プラチナ）を挙げています．

フランスは，本国における都市鉱山の開発に加えて，ニューカレドニアをあてにすることができます．ニューカレドニアは，フランスの共同体のうちのひとつで海外にあり，専門家によると世界のニッケル埋蔵量の４分の１を持っているといいます．

正解と解説

文を組み立てる

(1) les gisements de nickel en Nouvelle-Calédonie qui abriteraient le quart des réserves mondiales

(2) les gisements de nickel en Nouvelle-Calédonie qui, selon les experts, abriteraient le quart des réserves mondiales

(3) Avec les gisements de nickel en Nouvelle-Calédonie qui, selon les experts, abriteraient le quart des réserves mondiales, on ne peut pas vraiment dire que la France est pauvre en gisements de métaux.

専門家によると，世界の埋蔵量の４分の１を保有しているらしいニューカレドニアのニッケル鉱脈を持っているので，フランスが金属の埋蔵に乏しいとは，本当には言えないと考えられます．

使ってみよう

(1) En échange d'une aide économique et technologique, ces pays producteurs de métaux s'engageraient à vendre au Japon une partie de leur production.

(2) En échange d'un chemin de fer, d'un port et d'une centrale hydraulique, la Chine obtiendrait une grande quantité de fer de la part du Gabon.

語彙を増やそう

金属［名詞］métal (m.) / 金属のような光沢がある［形容詞］métallisé / 金属製の［形容詞］métallique / めっき［名詞］métallisation (f.) / めっきする［動詞］métalliser / 金属工業［名詞］métallurgie (f.) / 金属工業の［形容詞］métallurgique

文法問題

(1) La concentration de métaux rares dans les mines urbaines (serait) 40 à 50 fois plus élevée que celle des gisements naturels.　都市鉱山における希少金属の密度は，自然界の鉱脈のそれよりも，40から50倍高くなっているようです．

(2) L'exploitation systématique des mines urbaines (pourrait) éviter le risque de pénurie des métaux rares.　都市鉱山を徹底的に開拓すれば，希少金属の欠乏の危険性を回避できるらしいです．

(3) On estime qu'une tonne de téléphones mobiles (fournirait) 300 grammes d'or. 携帯電話１トンは，300グラムの金を供給するらしいと見積もられています．

14 観光業，真剣に取り組むべき業界

Le tourisme, un secteur à prendre au sérieux

CD 14

Dans le rapport de 2017 sur la compétitivité touristique mondiale publié par le Forum économique mondial (FEM), le Japon est classé quatrième sur 136 pays. En 2017, 28,7 millions de touristes étrangers, dont 268 805 Français, ont visité le Japon, ce qui est un record. Mais avec ses vingt-deux sites classés au patrimoine mondial, le pays devrait attirer encore beaucoup plus de visiteurs dans les prochaines années.

Le classement du FEM est réalisé sur la base de quatorze critères comprenant, entre autres, les infrastructures, les ressources humaines ou l'abondance en sites touristiques. Selon ce rapport, notre pays possède d'excellentes ressources culturelles (4e place) et des infrastructures de transport bien développées (10e place). En ce qui concerne l'ouverture internationale, le Japon se trouve en 10e position, ce qui reflète, à la veille des Jeux olympiques de Tokyo en 2020, le formidable effort fourni dans tout le pays pour que les visiteurs étrangers se sentent bien accueillis ici.

Le FEM place la France en deuxième position, derrière

注 （本文には下線を付してあります．）

第1段落

compétitivité (f.)：競争力． **Forum économique mondial (FEM)**：ジュネーブに本拠を置く団体，世界経済フォーラム．毎年ダボス会議を開いている． **dont + 数 + ...**：そのうちの～は～だ． **ce qui...**：このことは～だ． **record** (m.)：記録． **site** (m.)：サイト． **patrimoine** (m.) **mondial**：世界遺産． **beaucoup plus de...**：plus de...（より多くの～）を beaucoup で強調している．

第2段落

classement (m.)：順位付け． **critère** (m.)：基準． **comprenant**：動詞 comprendre（含む）の現在分詞． **entre autres**：特に． **infrastructure** (f.)：インフラストラクチャー． **ressources** (f.) **humaines**：ヒューマンリソース．人的資源． **abondance en...**：～の豊かさ． **transport** (m.)：交通． **En ce qui concerne...**：～に関しては． **ouverture** (f.) **internationale**：国際的な開放度． **à la veille de...**：～の前夜に． **Jeux olympiques**：オリンピック競技大会． **fourni**：fournir（成し遂げる）の過去分詞で effort を修飾している． **se sentent bien accueillis**：se sentir...（自分自身が～だと感じる）に，bien accueillis（歓迎されている）が続いている．accueilli は動詞 accueillir（迎える）の過去分詞．pour que で始まる節なので，se sentent と接続法になっている．

第3段落

placer：置く．

l'Espagne et devant l'Allemagne. Mais en réalité, c'est elle qui attire le plus grand nombre de visiteurs. Avec 83 millions de touristes étrangers en 2016 et 87 millions en 2017, elle confirme sa position habituelle de première destination touristique mondiale. Représentant plus de 7 % du PIB et 1,27 million d'emplois (2015), le tourisme est un secteur important de l'économie française. Mais...

En ce qui concerne les recettes, depuis plusieurs années, la France stagne au troisième rang, après les États-Unis et l'Espagne. Il semblerait que beaucoup de visiteurs se contentent de passer brièvement par la France pour se rendre dans un autre pays. C'est bien dommage car elle possède de nombreux atouts et les gouvernements successifs s'efforcent de remédier à cette situation regrettable. Le dernier plan d'action mis en place a été révélé le 1er août 2017. Le Premier ministre Édouard Philippe a annoncé la création du Conseil Interministériel du Tourisme ayant pour objectif d'atteindre les 100 millions de touristes internationaux d'ici 2020. Il s'agit d'un défi ambitieux dont les nombreuses mesures permettraient de créer 300 000 emplois nouveaux et de faire monter les revenus liés au tourisme de 40 à 50 billions

c'est elle：elle はフランスを指す． **confirmer**：確認する． **habituel, habituelle**：いつもの． **destination** (f.)：目的地． **Représentant**：主語は le tourisme. **PIB**：produit intérieur brut（国内総生産，GDP）． **emploi** (m.)：雇用． **secteur** (m.)：業界．

第４段落

recette (f.)：収入． **plusieurs années**：何年も． **stagner**：停滞する．発音は [stagne]． **rang** (m.)：順位． **semblerait**：断定を避けるために条件法が使われている． **se contenter de...**：～するだけで満足する． **brièvement**：手短に． **se rendre**：行く． **bien dommage**：bien が dommage を強調している． **posséder**：所有する． **atout** (m.)：切り札． **successif, successive**：相次ぐ． **s'efforcer de...**：～しようと努力する． **remédier à...**：～を改善する． **regrettable**：残念な． **dernier, dernière**：最新の． **plan** (m.) **d'action**：行動計画． **mis en place**：mettre en place（設置する）の mettre が過去分詞になって plan を修飾している． **a été révélé**：動詞 révéler（明かす）の受動態複合過去形． **Conseil Interministériel du Tourisme**：観光に関する省庁間の会議． **ayant pour objectif de...**：avoir pour objectif de ＋不定詞（～することを目的とする）の avoir が現在分詞になっている．ayant の主語は Conseil Interministériel du Tourisme. **atteindre**：達成する． **touristes internationaux**：外国からの観光客． **d'ici...**：今から～までに． **défi** (m.)：挑戦． **ambitieux, ambitieuse**：野心的な． **dont**：les nombreuses mesures de ce défi ambitieux の下線部分が関係代名詞 dont になっている． **mesure** (f.)：対策． **permettraient de ＋不定詞**：de créer... と de faire monter... という２つの不定詞句がつながっている．断定を避けるために条件法が使われている． **faire monter**：faire ＋不定詞（使役）．上昇させる． **revenu** (m.)：収入． **liés à**：～に結び付いた． **billion** (m.)：１兆．

Édouard Philippe

https://www.youtube.com/watch?v=3dRgU4TGOXI&frags=pl%2Cwn

d'euros. Cela vaut sans doute la peine de faire de sérieux efforts.

文を組み立てる

単純な構造の複数の文を組み合わせて，より複雑な文を組み立てる練習をしましょう．この課では，１番目と２番目の両方の文を名詞句に変え，この２つの名詞句を「A + être dû à + B（A は B を原因とする）」という表現を使って１つにまとめる練習を行います．以下は本文からの抜粋です．

La France stagne au troisième rang, après les États-Unis et l'Espagne. Il semblerait que beaucoup de visiteurs se contentent de passer brièvement par la France pour se rendre dans un autre pays.

(1) まず最初の文を，「～第３位でのフランスの停滞」という名詞句にするため，①動詞 stagner を名詞 stagnation に変え，② La stagnation de... で始まる名詞句を作ります．

La stagnation de la France au troisième rang, après les États-Unis et l'Espagne

組み立て問題

上と同じ処理をして，次の２つの文を１つにまとめましょう．

Le Japon se positionne au 4e rang dans le classement de la compétitivité touristique. Il semble que les Japonais fournissent un formidable effort dans le secteur du tourisme en vue des Jeux olympiques de 2020.

(1) まず最初の文を，「～という日本の位置取り」という名詞句にするため，①動詞 se positionner を名詞 positionnement に変え，② le positionnement de... で始まる名詞句を作ります．

Cela vaut la peine de ＋不定詞：～するに値する．

⑵　２番目の文の beaucoup de visiteurs... dans un autre pays「多くの観光客が～する」の部分を，「多くの観光客が～するという事実」という名詞句に変えます．「～するという事実」には le fait que... を使いましょう．

le fait que beaucoup de visiteurs se contentent de passer brièvement par la France pour se rendre dans un autre pays

⑶「フランスの停滞」は，「多くの観光客が～するという事実」を原因としています．そこで，「A は B を原因とする」A ＋ être dû à ＋ B という表現を使って，⑴＝ A と⑵＝ B で作った名詞句 AB をつなげましょう．

La stagnation de la France au troisième rang, après les États-Unis et l'Espagne, est due au fait que beaucoup de visiteurs se contentent de passer brièvement par la France pour se rendre dans un autre pays.

解説：dû は stagnation と一致して，単数女性形の due になります．

⑵　２番目の文の les Japonais fournissent... des Jeux olympiques de 2020「日本人が～している」の部分を，「日本人が～しているという事実」という名詞句に変えます．「～しているという事実」には le fait que... を使いましょう．

⑶　A ＋ être dû à ＋ B という表現を使って，⑴＝ A と⑵＝ B で作った名詞句 AB をつなげましょう．

使ってみよう

モデル文（本文からの抜粋に手を加えたもの）

28,7 millions de touristes étrangers, dont 268 805 Français, ont visité le Japon. Mais avec ses 22 sites classés au patrimoine mondial, le pays devrait attirer encore beaucoup plus de visiteurs.

..., dont... Mais avec...「○○を含む△△が，〜しました．しかし××があるので，〜するはずです（devoir の条件法現在形）」の構文を使って作文しましょう．

(1) ホテル業とレストラン業の収入を含むフランスでの観光からの収入は，十分ではありません．しかし最近発表された行動計画があるので，結果はよりよくなるはずです．

ヒント：ホテル業 hôtellerie (f.)，レストラン業 restauration (f.)，〜からの（〜に結び付いた）lié à...，十分な suffisant，最近 récemment，発表する annoncer，結果 résultat (m.)（複数形で）

Les revenus ________________, dont ceux de ________________,

________________. Mais avec ____________________________,

les résultats devraient ________________.

(2) アメリカ人とオランダ人を含む多くの外国人観光客が，フランスを通り過ぎるだけで，スペインに滞在することを好んでいます．しかし2024年のパリオリンピックがあるので，状況は変わるはずです．

ヒント：オランダ人 Hollandais(e)，〜を通り過ぎる transiter par...，滞在する séjourner

______________________, dont ______________________,

ne font que ________________ et préfèrent ________________.

Mais avec ______________________, ______________ devrait

______________.

語彙を増やそう

日 本 語	フランス語
観光客［名詞］	touriste
観光の［形容詞］	
観光［名詞］	

文法　現在分詞

① 現在分詞は主に書き言葉で使われ，名詞を修飾します．一致はありません．以下の例文は，本文からの抜粋に手を加えたものです．

- Le classement du FEM est réalisé sur la base de quatorze critères comprenant les infrastructures et les ressources humaines.（comprenant の主語 quatorze critères を修飾）
- Représentant plus de 7 % du PIB, le tourisme est un secteur important.（Représentant の主語 le tourisme を修飾）

② 現在分詞は独自の主語を持つことができます．
Le tourisme représentant plus de 7 % du PIB, le gouvernement doit y investir plus. 観光業は GDP の 7 % 以上を占めるのだから，政府はもっとそこに投資すべきです．（Représentant の主語は le tourisme，主節の doit の主語は le gouvernement）

文法問題

passer，stagner から適切な動詞を選び，現在分詞にしてかっこをうめましょう．

(1) (　　　　　　) en troisième position du point de vue des recettes, la France doit trouver des solutions pour que le secteur du tourisme rapporte plus.
　ヒント：du point de vue de... ～の観点からは，rapporter もたらす

(2) (　　　　　　) brièvement par la France, une partie des touristes étrangers dépensent finalement peu dans le pays.
　ヒント：dépenser 出費する，peu わずかしか

本文の和訳

世界経済フォーラムが発表した世界の観光競争力についての2017年レポートの中で，日本は136か国中４位にランクされています．2017年，268805人のフランス人を含む2870万人の外国人観光客が，日本を訪れましたが，これは記録的なことです．しかし，日本には世界遺産に登録されたサイトが22もあるので，近年中にもっと多くの観光客をひきつけることができると思われます．

FEM［世界経済フォーラム］の順位付けは，14の基準をもとに行われています．その基準には，インフラストラクチャー，人的資源，または観光地の豊かさが含まれていることが特筆できます．このレポートによると，わが国は素晴らしい文化資源（４位），きちんと発達した交通インフラ（10位）を有しているとのことです．国際的な開放度に関しては日本は10位にいますが，このことは2020年東京オリンピックを間近に控え，外国からの観光客が歓迎されていると感じられるように国全体で成し遂げた素晴らしい努力を反映しています．

FEMはフランスを，スペインの後，ドイツの前の第２位に位置付けています．しかし実際は，フランスこそが最も多数の観光客を引き付けているのです．2016年は8300万人，2017年は8700万人の観光客が来て，フランスは例年通り世界の観光客の行き先の第１位を確固たるものにしています．国内総生産の７％と127万人の雇用（2015年）を示す観光業は，フランス経済にとって重要な業界であります．しかし…

収入に関しては，もう何年も前からフランスは，アメリカとスペインに次ぐ第３位に停滞しています．多くの観光客がフランスを手短に通り過ぎるだけで満足し，ほかの国に行ってしまうようです．これはとても残念なことです．なぜならば，フランスは数多くの観光の切札となるものを持っているからです．歴代の政府はこの残念な現状を改善しようと努力しています．設置が行われた最新の行動計画が，2017年８月１日に明らかにされました．エドゥアール・フィリップ首相が，観光のための省庁間会議の創設を発表しました．これは，今から2020年までに［年間］１億人の外国人観光客を達成するという目標を持っています．これは野心的な挑戦ですが，その数多くの政策が，30万の新たな雇用を生み出し，観光からの収入を40〜50兆ユーロにまで押し上げるかもしれません．［ですから］これはおそらく，真剣な努力を行うに値します．

正解と解説

文を組み立てる

(1) le positionnement du Japon au 4e rang dans le classement de la compétitivité touristique

(2) le fait que les Japonais fournissent un formidable effort dans le secteur du tourisme en vue des Jeux Olympiques de 2020

(3) Le positionnement du Japon au 4e rang dans le classement de la compétitivité touristique est dû au fait que les Japonais fournissent un formidable effort dans le secteur du tourisme en vue des Jeux olympiques de 2020.
観光の競争力の順位における日本の第４位という位置取りは，2020年のオリンピックを視野に入れて日本人が素晴らしい努力を観光部門で成し遂げていることが原因です．

使ってみよう

(1) Les revenus (liés au tourisme en France), dont ceux de (l'hôtellerie et de la restauration), (ne sont pas suffisants). Mais avec (le nouveau plan d'action annoncé récemment), les résultats devraient (être meilleurs).

(2) (Beaucoup de touristes étrangers), dont (les Américains et les Hollandais), ne font que (transiter par la France) et préfèrent (séjourner en Espagne). Mais avec (les Jeux olympiques de Paris en 2024), (la situation) devrait (changer).

語彙を増やそう

観光客［名詞］touriste / 観光の［形容詞］touristique / 観光［名詞］tourisme (m.)

文法問題

(1) (Stagnant) en troisième position du point de vue des recettes, la France doit trouver des solutions pour que le secteur du tourisme rapporte plus.　収入の観点からは３位に停滞しているフランスは，観光の部門がもっと［収益を］もたらすために，解決策を見つけなければなりません．
解説：pour que... の後は接続法．

(2) (Passant) brièvement par la France, une partie des touristes étrangers dépensent finalement peu dans le pays.　フランスを手短に通り過ぎてしまう一部の外国人観光客たちは，結局［フランス］国内ではわずかの出費しかしていません．
解説：peu は否定的に解釈します．

15

地球の未来は，お皿の上にも

L'avenir de la Terre est aussi dans nos assiettes

CD 15

Participons tous à la protection de notre planète. C'est l'un des messages lancés par l'Agence de l'Environnement et de la Maîtrise de l'Énergie (ADEME) qui, sur son site Internet, propose des idées pour réduire les gaz à effet de serre (GES) en surveillant nos comportements alimentaires. En voici quelques-unes qui peuvent nous intéresser.

Si vous préférez l'eau minérale pour vous désaltérer, réfléchissez bien à comment la bouteille est arrivée jusqu'à vous. Il a fallu la fabriquer, la remplir, la transporter et l'entreposer dans un endroit approprié. Toutes ces opérations sont sources d'émission de GES. L'ADEME recommande donc de boire de l'eau du robinet.

Un repas de *Yakiniku* avec des amis, c'est bien agréable. Mais allez plutôt au *Yakitori* ! Pour nourrir les animaux d'élevage, il faut des céréales qui sont souvent cultivées avec l'apport d'engrais azotés. Or, ceux-ci favorisent l'émission d'un GES, le N_2O. Alors que sept kilos de céréales sont nécessaires pour la production d'un kilo de bœuf, il en suffit de deux dans le cas du poulet. En outre,

注　（本文には下線を付してあります．）

第 1 段落

Agence (f.) **de l'Environnement et de la Maîtrise de l'Énergie (ADEME)**：フランス環境エネルギー管理庁．　**réduire**：減らす．　**gaz** (m.) **à effet de serre (GES)**：温室効果ガス．　**en surveillant**：動詞 surveiller（注意する）のジェロンディフ．　**comportements** (m.) **alimentaires**：食に関する行動．　**En voici quelques-unes**：Voici quelques-unes des idées の下線部分が en になっている．　**intéresser ＋人**：～の興味をひく．

第 2 段落

se désaltérer：喉の渇きをいやす．本文では主語 vous に合わせて，se が vous になっている．　**réfléchir à...**：～についてよく考える．　**Il a fallu**：Il faut の複合過去形．　**la fabriquer**：それ（瓶）を製造する．以下に続く la, l' はすべて bouteille（瓶）を指す．　**la remplir**：それを満たす．　**la transporter**：それを運ぶ．　**l'entreposer**：それを倉庫に入れる．　**approprié(e)**：適切な．　**émission** (f.)：排出．　**eau** (f.) **du robinet**：水道水．robinet は蛇口．

第 3 段落

repas (m.)：食事．　**agréable**：楽しい．　**plutôt**：どちらかというと．**nourrir**：飼育する．　**animaux** (m.) **d'élevage**：家畜．　**céréale** (f.)：穀物．　**sont cultivées**：動詞 cultiver（作物を栽培する）の受動態．　**apport** (m.)：供給，寄与．　**engrais** (m.)：肥料．　**azoté(e)**：窒素を含む．　**ceux-ci**：engrais azotés を指す．　**favoriser**：促進する．　**N_2O**：亜酸化窒素．温室効果は二酸化炭素よりもはるかに高い．　**Alors que...**：～であるのに対し．対立を表す接続表現．　**il en suffit de deux**：il suffit de deux kilos de céréales の下線部分が en になっている．　**poulet** (m.)：鶏．　**En outre**：このほかに．

les ruminants, plus particulièrement les vaches, rejettent du méthane pendant la digestion (devinez comment). 15 à 20 % des émissions mondiales de méthane proviennent ainsi de l'élevage. Hélas, le méthane a un effet de serre vingt et une fois plus puissant que le gaz carbonique !

Il est vrai que, quand on est pressé, le fast-food est bien pratique pour un déjeuner sur le pouce... Mais la restauration du fast-food est essentiellement à base de produits congelés et leur maintien à -18°C jusqu'au moment de la cuisson nécessite énormément d'énergie. De plus, les équipements producteurs de froid (frigos et congélateurs) fonctionnent à base de gaz fluorés qui sont eux aussi des GES. Et des fuites peuvent toujours arriver...

Changer nos habitudes alimentaires est plus facile à dire qu'à faire. Prenons par exemple ce gâteau de Noël très populaire au Japon, à la crème chantilly, avec des fraises toutes rouges sur le dessus. Il nous fait venir l'eau à la bouche, n'est-ce pas ? Et pourtant... des fraises en hiver ? Ce n'est pas la saison ! D'après les calculs de l'ADEME, pour la production d'un kilo de fraises d'hiver, il faut compter l'équivalent de 5 litres de gasoil ...

Mais alors, que nous reste-t-il à manger ?

ruminant (m.)：反芻（はんすう）動物． **particulièrement**：とりわけ． **vache** (f.)：雌牛．ここでは牛全般を指す． **rejeter**：吐き出す． **méthane** (m.)：メタン． **digestion** (f.)：消化． **deviner**：見抜く，当てる． **provenir de...**：～に由来する． **élevage** (m.)：牧畜． **Hélas**：残念ながら．発音は [elas]． **effet** (m.) **de serre**：温室効果． **...fois**：～倍． **puissant(e)**：強力な． **gaz** (m.) **carbonique**：炭酸ガス．

第4段落

pressé(e)：急いでいる． **pratique**：便利な． **sur le pouce**：［食事を］簡単に済ますこと． **restauration** (f.)：外食産業． **essentiellement**：主に． **à base de...**：～を基本とする． **congelé(e)**：冷凍の． **maintien** (m.)：保持． **cuisson** (f.)：加熱調理． **nécessiter**：必要とする． **énormément de...**：大量の～． **De plus**：さらに． **équipement** (m.)：装置． **producteur de froid**：冷気を作り出す．producteur はここでは形容詞． **frigo** (m.)：冷蔵庫． **congélateur** (m.)：冷凍庫． **fonctionner**：［機械などが］動く． **gaz** (m.) **fluoré**：フロンガス． **eux aussi**：それらもまた．eux は gaz fluorés を指す． **fuite** (f.)：漏れること．

第5段落

habitude (f.) **alimentaire**：食習慣． **plus facile à dire qu'à faire**：言うは易く行うは難し． **crème** (f.) **chantilly**：ホイップクリーム． **toutes rouges**：真っ赤な． **dessus**：その上に． **faire venir l'eau à la bouche**：よだれが出て来る． **Ce n'est pas la saison**：そのシーズンではない． **calcul** (m.)：計算． **compter**：見積もる． **l'équivalent de...**：～に相当する量． **gasoil** (m.)：ディーゼルオイル．

第6段落

nous reste-t-il：il nous reste（私たちに残されている）に倒置がかかった形．il は非人称の主語． **... à manger**：食べられる～．本文では～の部分に que（何？）が入っている．

文を組み立てる

単純な構造の複数の文を組み合わせて，より複雑な文を組み立てる練習をしましょう．この課では，名詞句を作る練習と，comme を使って２つの文を１つにまとめる練習を行います．以下は本文からの抜粋です．

Il a fallu fabriquer la bouteille, la remplir, la transporter et l'entreposer dans un endroit approprié. Toutes ces opérations sont sources d'émission de GES.

(1) Toutes ces opérations（これらすべての作業）が指している内容は，１番目の文に動詞の不定詞で表されています．名詞句を作る練習として，これらの不定詞句を名詞句に直しましょう．

la fabrication de la bouteille, son remplissage, son transport et son entreposage dans un endroit approprié

(2) A comme B, C, D et E（BCDE のような A）という構造を使って，(1)で作った名詞句を，Toutes les opérations のあとに続けます．

Toutes les opérations comme la fabrication de la bouteille, son remplissage, son transport et son entreposage dans un endroit approprié

(3) 上の(2)で作った「～のようなこれらすべての作業が」は，長い主語として，そのまま２番目の文に使えます．すると，次の文ができあがります．

Toutes les opérations comme la fabrication de la bouteille, son remplissage, son transport et son entreposage dans un endroit approprié, sont sources d'émission de GES.

組み立て問題

上と同じ処理をして，次の２つの文を１つにまとめましょう．

Il faut préparer un steak haché à partir de viande de bœuf, l'emballer avec du plastique, le transporter et le stocker dans un endroit froid. Toutes ces opérations sont sources d'émission de GES.

ヒント：steak (m.) haché ひき肉で作ったステーキ（ハンバーグ），à partir de... ～から，emballer 包装する，plastique (m.) ビニール，stocker 保存する

(1) 1番目の文の不定詞句を，名詞句に直しましょう．
(2) 上の(1)で作った名詞句を，Toutes les opérations comme のあとに続けます．
(3) 上の(2)で作った表現を，そのまま2番目の文の主語にして，2つの文を1つにまとめます．

使ってみよう

モデル文（本文からの抜粋に手を加えたもの）

L'ADEME propose des idées pour réduire les gaz à effet de serre (GES). En voici quelques-unes qui peuvent nous intéresser.

... En voici quelques-un(e)s qui...「○○は△△です．以下はそのうちのいくつかで，それは××です」の構文を使って作文しましょう．

(1) 牛によって吐き出されるメタンを減らすために，餌のいくつもの配合が研究されています．以下はそのうちのいくつかで，それは反芻動物によって排出される温室効果ガスの減少を促進できるかもしれません．

ヒント：餌の alimentaire，配合 formule (f.)，研究する étudier，排出する émettre，減少 diminution (f.)

Plusieurs formules alimentaires sont étudiées pour réduire le méthane rejeté par les vaches. ______________________________

____

(2) 日常で使われているいくつかのエアゾールは，温室効果ガスを排出します．以下はそのうちのいくつかで，それらは使用を避ける方がよいのです．

ヒント：日常で quotidiennement，使われている employé，エアゾール aérosol (m.)，使用する utiliser，～することを避ける éviter de...，～する方がよい il vaut mieux...

Certains aérosols employés quotidiennement émettent des GES.

____

語彙を増やそう

日 本 語	フランス語
減らす［動詞］	réduire
縮小できる［形容詞］	
縮小［名詞］	
縮小された［形容詞］	

文法　命令法

① 下の②③を除く動詞は，直説法現在形の主語を削除すると命令法になります．

tu réduis → Réduis le CO_2 !
nous réduisons → Réduisons le CO_2 !
vous réduisez → Réduisez le CO_2 !

② -er 動詞，ouvrir 型活用の動詞，aller については，tu の活用形の最後の s を削除します．

tu participes → Participe à la protection de notre planète !
nous participons → Participons à la protection de notre planète !
vous participez → Participez à la protection de notre planète !

③ avoir，être，savoir，vouloir の命令法は以下の形になります．

avoir → aie, ayons, ayez
être → sois, soyons, soyez
savoir → sache, sachons, sachez
vouloir → veuille, veuillons, veuillez

注：vouloir の命令法に関しては，一般的に veuillez のみが使われます．

文法問題

選択肢から動詞を選び，命令法にしてかっこをうめましょう．否定形が必要な個所もあります．

(1) Quand vous avez soif, (　　　　　) d'eau minérale, (　　　　　) de l'eau du robinet.　動詞選択肢 acheter, prendre

(2) Quand tu es au restaurant, (　　　　　) de bœuf, (　　　　　) plutôt du poulet.　動詞選択肢 choisir, commander

(3) Nous sommes des consommateurs responsables ! (　　　　　) l'eau à la maison et (　　　　　) ainsi à la lutte contre le risque de pénurie de cette ressource vitale !　動詞選択肢 économiser, participer

ヒント：consommateur (m.) responsable 社会に関して責任感を持って行動している消費者，lutte (f.) 戦い，pénurie (f.) 欠乏，ressource (f.) 資源，vital(e) 死活にかかわる

本文の和訳

私たちの惑星［地球］の保護に，全員で参加しましょう．これはフランス環境エネルギー管理庁（ADEME）によって発せられたメッセージのひとつです．ADEME はそのインターネットのサイトで，私たちの食に関する行動に注意して，温室効果ガスを減らすためのアイディアを提供しています．以下が，そのうちのいくつか［のアイディア］で，私たちの興味を引くと思われます．

もしみなさんが，ミネラルウォーターでのどの渇きをいやすことが好きならば，その瓶がどのようにしてみなさんの手元まで届いたのかをよく考えてください．それを製造し，満たし，運んで，適切な場所に保管することが必要だったのです．［そして］これらすべての作業が，温室効果ガスの排出の源となっています．ですから ADEME は，水道水を飲むことを奨励しています．

友だちとの焼肉の食事，これは楽しいですよね．でも，どちらかというと焼き鳥に行ってください．［なぜならば］家畜を飼育するためには穀物が必要で，その穀物はしばしば窒素を含む肥料を供給することによって栽培されているからです．ところが，この窒素肥料は N_2O という温室効果ガスの排出を促進してしまうのです．牛肉 1 キロを生産するのに 7 キロの穀物が必要なのに対して，鶏肉の場合は 2 キロですみます．このほかに，反芻動物，特に牛は消化を行っている時にメタンを吐き出します（どのようにしてかは，想像してください）．

世界のメタン排出の15から20％が，こうして牧畜に由来しています．そして残念なことにメタンは，炭酸ガスの21倍も強い温室効果を持っているのです！

たしかに，急いでいる時，手早く昼食を済ますには，ファストフードは本当に便利です．でもファストフードの外食産業は，主に冷凍製品を基本としており，加熱調理の時までマイナス18度に保っておくことは大量のエネルギーを必要とします．さらに，冷気を作り出す装置（冷蔵庫や冷凍庫）はフロンガスを元に動いており，フロンガスはこれもまた温室効果ガスなのです．そして，［フロンガスが］漏れ出すことは，いつでも起こりえます．

私たちの食習慣を変えることは，言うは易く行うは難しです．日本で人気のあのクリスマスケーキ，上に真っ赤ないちごが載ってホイップクリームがついている［あのケーキを］を例にとってみましょう．［あれを考えると，］よだれが出てきてしまいますよね？でもですよ，冬のいちごとは？そのシーズンではありません！ADEMEの計算によると，冬のいちご１キロの生産には，５リットルのディーゼルオイル相当［のエネルギー］が必要と見積もられるとのことです．

でもそうなると，私たちが食べられる物は，何が残されているのでしょう？

alimentation et impact environnement
https://www.youtube.com/watch?v=BjBJ-xdoNAM&frags=pl%2Cwn

Nicolas Hulot Changer notre système alimentaire
https://www.youtube.com/watch?v=TSYEcTmmdQI&frags=pl%2Cwn

正解と解説

文を組み立てる

(1) la préparation d'un steak haché à partir de viande de bœuf, son emballage avec du plastique, son transport et son stockage dans un endroit froid

(2) 解答省略

(3) Toutes les opérations comme la préparation d'un steak haché à partir de viande de bœuf, son emballage avec du plastique, son transport et son stockage dans un endroit froid, sont sources d'émission de GES. 牛肉からハンバーグを作ること，それをビニールで包装すること，それの輸送，そして冷所での保存，これらすべての作業が，温室効果ガスの発生源となるのです．

使ってみよう

(1) Plusieurs formules alimentaires sont étudiées pour réduire le méthane rejeté par les vaches. En voici quelques-unes qui peuvent favoriser la diminution des GES émis par les ruminants.
解説：formules が女性名詞なので，quelques-unes という女性形を用います．

(2) Certains aérosols employés quotidiennement émettent des GES. En voici quelques-uns qu'il vaut mieux éviter d'utiliser.

語彙を増やそう

減らす［動詞］réduire / 縮小できる［形容詞］réductible / 縮小［名詞］réduction (f.) / 縮小された［形容詞］réduit

文法問題

(1) Quand vous avez soif, (n'achetez pas) d'eau minérale, (prenez) de l'eau du robinet.
喉が渇いた時は，ミネラルウォーターは買わずに，水道水を飲んでください．
解説：否定命令形 n'achetez pas のあとの直接目的には，部分冠詞ではなく，否定の de を用います．

(2) Quand tu es au restaurant, (ne choisis pas) de bœuf, (commande) plutôt du poulet.
レストランに行った時には，牛肉を選ばすに，どちらかというと鶏肉を注文してね．
解説：動詞を逆にして，(ne commande pas) de bœuf, (choisis) plutôt du poulet にすることも可能です．

(3) Nous sommes des consommateurs responsables ! (Économisons) l'eau à la maison et (participons) ainsi à la lutte contre la pénurie de cette ressource vitale ! 私たちは責任感ある消費者です！家庭で水を節約し，この貴重な資源の欠乏の危険との戦いに参加しましょう！

16 電気自動車の未来はどこに？

Voitures électriques : quel avenir ?

CD 16

C’est en 1881, lors de l’Exposition internationale d’Électricité de Paris, que la toute première voiture électrique a été présentée. Et vous serez peut-être étonnés d’apprendre que, à la fin du XIXe siècle, un grand nombre de véhicules parisiens, y compris des fiacres et des taxis, étaient électriques. La batterie était en plomb et on la rechargeait la nuit dans des stations spécialisées. Mais malgré ses débuts prometteurs, la voiture électrique a finalement été devancée par la voiture à essence jugée plus économique et surtout plus pratique. Entretien minimum, autonomie plus grande, le véhicule à essence est vite devenu la norme.

Avec la hausse du pétrole et les enjeux environnementaux, la voiture électrique est revenue sur le devant de la scène dans les années 90. Mais les grands constructeurs n’ont pas réussi à séduire les automobilistes. Entre 1995 et 2005, PSA Peugeot Citroën a vendu seulement 10 000 voitures électriques. Renault a connu un échec total avec seulement 500 Kangoo Elect’road vendues de 2003 à 2005. Un léger mieux pour Mitsubishi et ses 37 500

注（本文には下線を付してあります．）

第1段落

avenir (m.)：未来．　**Exposition** (f.) **internationale d'Électricité**：国際電気博覧会．**toute première**：本当に初めての．toute が première を強調している．　**étonné(e)**：驚いた．　**y compris...**：～も含めて．　**fiacre** (m.) **électrique**：fiacre は辻馬車．馬の代わりに電気を動力として動く辻馬車状の乗り物．　**batterie** (f.)：バッテリー．**plomb** (m.)：鉛．　**recharger**：充電する．　**spécialisé(e)**：専用の．　**prometteur, prometteuse**：将来性がある．　**a été devancée**：動詞 devancer（抜く）の受動態．　**à essence**：ガソリンを使った．　**jugée**：判断された．la voiture à essence を修飾している．　**pratique**：便利．　**Entretien** (m.)：メンテナンス．　**minimum**：最小限の．女性形は minimum（不変）または minima．　**autonomie** (f.)：１回の給油（充電）で可能な走行距離．　**norme** (f.)：標準．

第2段落

hausse (f.)：（ここでは価格の）上昇．　**enjeu** (m.)：争点，問題点．**environnemental(e)**：環境の．男性複数形が environnementaux．　**sur le devant de la scène**：表舞台に．**constructeur** (m.)：製造業者．　**réussir à...**：～することに成功する．　**séduire**：ひきつける．　**automobiliste**：ドライバー．　**PSA Peugeot Citroën**：プジョー，シトロエン，オペルなどのブランドを持つ自動車製造グループ．2019年秋時点での名称は Groupe PSA．　**Renault**：フランスの自動車製造会社ルノー．　**connaître**：経験する．**échec** (m.)：失敗．　**Kangoo Elect'road**：ルノー車が販売したハイブリッドカー．　**Un léger mieux**：少しましである．

i-MiEV mises en circulation entre 2009 et 2016.

En 2018, en France, 23 173 voitures électriques ont été achetées contre 1 836 506 véhicules « classiques », soit seulement 1 % du marché. Et sur le total des voitures vendues dans le monde, 1,2 % étaient électriques. Pourquoi les voitures électriques se vendent-elles encore si mal ? Cela peut s'expliquer par leur prix qui reste plus élevé que pour une voiture à essence. De plus, leur autonomie est trop faible et le rechargement de la batterie trop long. Enfin, le troisième problème à résoudre est celui de la mise en place d'un réseau de stations de rechargement.

Pour attirer plus d'acheteurs de voitures électriques, les chercheurs concentrent leurs efforts principalement dans trois domaines : l'autonomie du véhicule, le temps de recharge des batteries, la méthode de recharge. En 2018, on expérimente, par exemple, diverses méthodes, par induction ou autres. On explore sérieusement le sans-fil. Les avancées sont encourageantes. Recharger une batterie en peu de temps et sans fil n'est peut-être pas si loin !

Récemment, les messages d'alerte au sujet de la santé de notre planète se multiplient. Il apparaît urgent que la transition

i-MiEV：三菱の電気自動車アイ・ミーブ． **mettre en circulation**：流通に乗せる．本文では過去分詞 mises となって，ses 37 500 i-MiEV（自社の37500台のアイ・ミーブ）を修飾している．

第３段落

classique：従来の．ここではガソリン車を指す． **soit + 数量表現**：すなわち〜． **marché** (m.)：市場． **se vendre**：売れる． **si mal**：このように悪く． **s'expliquer par...**：〜によって説明される． **élevé(e)**：高い． **rechargement** (m.)：充電． **problème** (m.) **à résoudre**：解決すべき問題． **celui**：problème を指す． **mise** (f.) **en place**：設置． **réseau** (m.)：網，ネットワーク．

第４段落

chercheur, chercheuse：研究者． **concentrer**：集中させる． **domaine** (m.)：分野． **expérimenter**：実験する． **divers, diverse**：様々な． **induction** (f.)：induction électromagnétique 電磁誘導． **explorer**：探求する． **sans-fil** (m.)：ワイヤレス． **avancée** (f.)：進歩． **encourageant(e)**：有望な． **peu de...**：わずかな〜．

第５段落

Récemment：最近． **alerte** (f.)：警報． **santé** (f.)：健康状態． **planète** (f.)：惑星． **se multiplier**：増加する． **Il apparaît ... que...**：〜が〜であるように見受けられる．

écologique s'opère rapidement et le passage à la voiture électrique en sera un des éléments. Aujourd'hui, 48 % des Français sont intéressés par l'achat d'une voiture électrique à l'avenir et 72 % préfèreraient une voiture hybride plutôt qu'un modèle à essence.

Il semble qu'une révolution est en marche, chez les constructeurs comme chez les utilisateurs.

文を組み立てる

単純な構造の複数の文を組み合わせて，より複雑な文を組み立てる練習をしましょう．この課では，関係代名詞 qui と，comparé à...（～と比べて）という表現を使って，２つの文を１つにまとめる練習を行います．以下は本文からの抜粋に手を加えたものですが，10 000の前にある seulement という単語を削除したので，本文とは異なったニュアンスになっています．

Entre 1995 et 2005, PSA Peugeot Citroën a vendu 10 000 voitures électriques. Renault a connu un échec total avec seulement 500 Kangoo Elect'road vendues de 2003 à 2005.

(1) 上の文章は，「PSA プジョーシトロエンは～．ルノーは～．」という内容です．これを，「～だった PSA プジョーシトロエンと比べて，ルノーは～」という文にまとめることを目指します．

まず，１番目の文を「～だった PSA プジョーシトロエン」という表現に変えます．

組み立て問題

上と同じ処理をして，次の２つの文を１つにまとめましょう．

Le temps de recharge des batteries actuelles est encore trop long. Celui des prochaines batteries devrait être beaucoup plus court.

ヒント：actuel，actuelle 現在の，prochain(e) 次期の

transition (f.) **écologique**：環境を重視した移行. **s'opérer**：行われる. **passage** (m.)：推移. **en**：un des éléments de la transition écologique の下線部分が en に置きかえられている. **à l'avenir**：将来に. **hybride**：ハイブリッド. **modèle** (m.)：ここでは車種の意味.

第6段落

être en marche：前進している.

recharge sans fil

https://www.youtube.com/watch?v=J5GmyITco6M&frags=pl%2Cwn

PSA Peugeot Citroën qui a vendu 10 000 voitures électriques entre 1995 et 2005

(2) 上の(1)で作った表現の前に「～と比べて comparé à...」を挿入し，そのまま2番目の文につなげましょう.

Comparé à PSA Peugeot Citroën qui a vendu 10 000 voitures électriques entre 1995 et 2005, Renault a connu un échec total avec seulement 500 Kangoo Elect'road vendues de 2003 à 2005.

1995年と2005年のあいだに1万台の電気自動車を売ったPSAプジョーシトロエンと比べて，ルノーは完全な失敗を経験した. 2003年から2005年の間にカングー・エレクトロードがわずか500台しか売れなかったのだ.

---

(1) 1番目の文を「～である現在のバッテリーの充電時間」という表現に変えます.

(2) 上の(1)で作った表現の前に「～と比べて comparé à...」を挿入し，そのまま2番目の文につなげましょう.

使ってみよう

モデル文（本文からの抜粋）

Le troisième problème à résoudre est celui de la mise en place d'un réseau de stations de rechargement.

「○○すべき△△番目の××は，～です」という構文を使って作文しましょう．「○○すべき××」の部分には「名詞＋à＋不定詞」を，「～です」の部分には指示代名詞 celui de..., celle de... を使いましょう．

(1) 解決すべき最初の問題は，バッテリーの充電時間のそれ（問題）です．
ヒント：解決する régler（résoudre とは異なる表現をここでは使ってみましょう）

(2) 自分に問いただすべき２番目の疑問点は，あまりにも非力な走行距離のそれ（疑問点）です．
ヒント：自分自身に問いただす se poser，非力な faible

語彙を増やそう

日　本　語	フランス語
電気の［形容詞］	électrique
電気技師［名詞］	
電気［名詞］	
電気で［副詞］	

文法　受動態の現在形

① 受動態は，「主語＋ être ＋過去分詞」という形になります．この課では受動態の現在形について勉強しますので，être は現在形の活用になります．

② 過去分詞は，主語との性数一致を行います．

③ 動作主（～によって）をつける場合には，一般的に前置詞 par を使います．ただ，動詞が行為ではなく状態（感情・位置関係など）を表している場合は，前置詞 de を用います．

例：（本文から抜粋）

48 % des Français sont intéressés par l'achat d'une voiture électrique.

文法問題

critiquer, enregistrer, expérimenter, séduire から適切な動詞を選び，受動態の現在形にしてかっこをうめましょう．

(1) Les automobilistes (　　　　　　　　　　) par la voiture hybride.

(2) La voiture électrique (　　　　　　　　　　) principalement pour son prix et son manque d'autonomie.
　ヒント：manque (m.) 不足

(3) Des progrès (　　　　　　　　　　) dans le domaine du rechargement des batteries.

(4) Une nouvelle méthode de recharge, par induction, (　　　　　　　　　　) par les chercheurs.

本文の和訳

1881年，パリの国際電気博覧会の時に，歴史上初の電気自動車が展示されました．そしてみなさんは次のことを知って驚くかもしれませんが，19世紀の末にはパリの乗り物の多くが，馬車状の乗り物やタクシーも含めて，電動だったのです．そのバッテリーは鉛でできていて，専用の施設で夜のうちにそれを充電していました．しかし，その将来性あるデビューにもかかわらず，電気自動車は結局ガソリン車に追い抜かれてしまいました．ガソリン車の方が，より経済的で，特により便利であると判断されてのことです．最小限のメンテナンスですみ，１回の給油で可能な走行距離がより長いガソリン車は，すぐに［乗り物の］標準となりました．

石油価格の上昇と環境上の問題から，1990年代に電気自動車は表舞台に戻ってきました．しかし主要製造業者は，ドライバーを［電気自動車に］ひきつけることができませんでした．1995年から2005年までの間に，PSA プジョーシトロエンはたった１万台の電気自動車を売っただけでした．ルノーは2003年から2005年の間に，わずか500台のカングー・エレクトロードの販売［数］だったので，完全な失敗を経験しました．2009年から2016年の間に37500台のアイ・ミーブを流通させた三菱は，少しましだったといえるでしょう．

2018年，フランスでは従来の［ガソリン］車が1,836,506台購入されたのに対し，電気自動車は23,173台で，これは市場のわずか１％にすぎません．そして世界での自動車販売総数のうち，1.2％が電気［自動車］でした．電気自動車は，なぜまだ売れ行きがこのように悪いのでしょうか？それには，次の理由があげられます．値段が，ガソリン車より高いままであることです．さらに，１回の充電での走行距離があまりにも短いことと，バッテリーの充電にあまりにも時間がかかることです．そして，解決すべき３番目の問題点は，充電ステーションのネットワークの設置の問題です．

電気自動車の購入者をより多くひきつけるために，研究者は主に次の３つの分野に努力を傾注しています．それは，電気自動車の走行距離，バッテリーの充電時間，充電方法です．例えば2018年には，電磁誘導その他の各種の方法が実験されています．ワイヤレスは真剣に探求されているのです．これらの進歩には希望が持てます．わずかな時間でワイヤレスでバッテリーが充電できる，［その日は］もしかするとそう遠くないでしょう．

最近では，私たちの惑星の健康状態に関する警告メッセージが増えています．環境重視の移行がすみやかに行われることが緊急［に必要］であると見受けられ，電気自動車への推移はそのひとつの要素となるでしょう．現在では，フランス人の48％が将来の電気自動車購入に意欲を見せていますし，72％がガソリン［だけ］を使う車種よりはハイブリッド車を好んでいるといわれています．

製造業者においても，利用者においてと同様に，改革が進んでいるように見受けられます．

正解と解説

文を組み立てる

(1) le temps de recharge des batteries actuelles qui est encore trop long

(2) Comparé au temps de recharge des batteries actuelles qui est encore trop long, celui des prochaines batteries devrait être beaucoup plus court. まだあまりにも長い現在のバッテリーの充電時間と比べて，次期バッテリーのそれ（充電時間）はもっとより短くなるはずです．

解説：compaŕe(e)(s) à... は，それが修飾している名詞に一致します．ここでは celui（le temps）を修飾していますので，男性単数形 comparé になっています．

使ってみよう

(1) Le premier problème à régler est celui du temps de recharge des batteries.

(2) La deuxième question à se poser est celle de l'autonomie trop faible.

解説：question (f.) を指すので，指示代名詞は celle を用います．

語彙を増やそう

電気の［形容詞］électrique / 電気技師［名詞］électricien, électricienne / 電気［名詞］électricité (f.) / 電気で［副詞］électriquement

文法問題

(1) Les automobilistes (sont séduits) par la voiture hybride. ドライバーたちは，ハイブリッドカーに魅了されています．

(2) La voiture électrique (est critiquée) principalement pour son prix et son manque d'autonomie. 電気自動車は，主にその価格と走行距離不足について，批判されています．

(3) Des progrès (sont enregistrés) dans le domaine du rechargement des batteries. バッテリーの充電の分野において，進歩が認められています．

(4) Une nouvelle méthode de recharge, par induction, (est expérimentée) par les chercheurs. 電磁誘導という新たな充電方法が，研究者によって実験されています．

17

あいかわらず星で光り輝く東京

Tokyo, toujours tout scintillant d'étoiles

CD 17

En 2008, ce livre s'est vendu à 90 000 exemplaires le jour même de sa sortie, à des lecteurs de toutes générations. Il a rencontré le même succès dans tout le Japon alors que les informations qu'il contenait ne concernaient que la ville de Tokyo. La librairie Kinokuniya de Takamatsu en a écoulé plus de 80 exemplaires en quelques semaines et celle de Hirosaki plus de 60. Le chiffre de ses ventes a atteint 300 000 exemplaires en un mois... Bref, un best-seller !! Vous n'avez pas deviné ? Eh bien, il s'agit du célèbre guide gastronomique Michelin, pour sa première édition consacrée à Tokyo.

Une des raisons qui ont incité tant de Japonais à l'acheter était la quantité exceptionnelle d'étoiles attribuées : 191 pour 150 restaurants. Ce score dépassait largement les 97 de Paris. Sans pour autant dénier le mérite des restaurants de Tokyo, monsieur Naret, directeur des Guides Michelin, a souligné que cet écart important pouvait s'expliquer logiquement si l'on comparait le nombre de restaurants dans les deux capitales. En effet, à cette

注 （本文には下線を付してあります.）

第 1 段落

scintillant(e) de...：～できらめいている． **exemplaire** (m.)：（本などの）部，冊． **le jour même**：その当日に． **sortie** (f.)：出版． **lecteur, lectrice**：読者． **contenait**：動詞 contenir（含む）の半過去形． **en a écoulé**：動詞 écouler（売りさばく）．a écoulé plus de quatre-vingts exemplaires de ce livre の下線部分が en になっている． **en quelques semaines**：en＋時間（～の時間をかけて）．quelques には少ないというニュアンスがある． **celle de Hirosaki**：弘前のそれ（紀伊国屋書店）．librairie が女性名詞なので celle が使われている． **chiffre** (m.)：数． **a atteint**：動詞 atteindre（到達する）の複合過去形． **Bref**：要するに． **deviner**：言い当てる． **gastronomique**：美食の． **édition** (f.)：（本の）版． **consacré(e) à...**：～に当てられた．

第 2 段落

inciter à＋不定詞：～する気にさせる． **tant de...**：こんなにもたくさんの～． **l'acheter**：l' は『ミシュランガイド東京』を指す． **exceptionnel, exceptionnelle**：異例の． **attribuées**：動詞 attribuer（付与する）の過去分詞．étoiles を修飾している． **score** (m.)：スコア． **dépasser**：超える． **largement**：はるかに． **les 97 de Paris**：パリの97（の星）．「パリの」という限定がついているので，定冠詞 les がある． **Sans pour autant**：pour autant（だからといって～するわけではない）という表現に sans がついている．「Naret 氏は，東京に多くの星がつくのにはそれなりの理由があるとしながらも，東京のレストランの良さを否定しているわけではない」というニュアンスを出している． **dénier**：否定する． **mérite** (m.)：長所． **souligner**：強調する． **écart** (m.)：差． **important(e)**：大きな． **s'expliquer**：説明がつく． **logiquement**：論理的に． **à cette époque-là**：当時．

époque-là, on en dénombrait 160 000 à Tokyo contre 13 000 seulement à Paris.

Parmi les restaurants figurant dans le Michelin Tokyo 2008, huit avaient obtenu trois étoiles, dont cinq étaient des restaurants de cuisine japonaise. Et sur l'ensemble des 150 étoilés, plus de la moitié étaient aussi des restaurants japonais. La reconnaissance de la cuisine nippone authentique était justement ce qui caractérisait le premier guide Michelin Tokyo. De plus, côté gastronomie, Tokyo devenait la ville la plus étoilée du monde.

En 1900, le tout premier Guide Michelin n'était encore qu'un guide publicitaire que la société Michelin remettait en cadeau aux acheteurs de ses pneus. Aux pionniers de l'automobile, il fournissait des informations précieuses dont ils pourraient avoir besoin dans leurs déplacements : une liste des garages, des cartes routières, des plans de villes ou des curiosités touristiques, entre autres. C'est seulement en 1931 que le système d'attribution d'étoiles aux restaurants a été établi.

Sa première version hors Europe, le guide de New York, est sortie en 2005. Après le succès du guide de Tokyo, Michelin a enchaîné avec d'autres villes de l'archipel. Plus d'une vingtaine

en dénombrait 160 000：dénombrait 160 000 restaurants の下線部分が en に置きかえられている． **contre...**：〜に対して．

第３段落

figurant：動詞 figurer（姿を現す）の現在分詞．主語は les restaurants. **avaient obtenu**：動詞 obtenir（得る）の大過去形．ガイド出版の前にまず星の付与が決まるので，大過去形が使われている． **dont...**：そのうちの〜は〜だ． **sur l'ensemble de...**：〜全体のうちの． **étoilé(e)**：星がついている． **reconnaissance** (f.)：（良いと）認めること． **nippon(e)**：形容詞「日本の」. japonais の繰り返しを避けたい時などに使う． **authentique**：本物の． **justement**：まさに． **caractériser**：特徴づける． **De plus**：さらに． **côté ＋無冠詞名詞**：〜に関しては．

第４段落

tout：premier を強調している． **n'était encore qu'**：まだ〜でしかなかった． **publicitaire**：宣伝の． **remettre**：渡す． **en cadeau**：（販売用ではなく）プレゼントとして． **pneu** (m.)：タイヤ．（ミシュラン社はタイヤ会社） **pionnier, pionnière**：パイオニア，先駆者． **il fournissait**：動詞 fournir（供給する）の半過去形．il はミシュランガイドを指す． **précieux, précieuse**：貴重な． **dont ils pourraient**：ils pourraient avoir besoin de ces informations の下線部分が関係代名詞 dont になっている．ils は les pionniers de l'automobile を指す． **déplacement** (m.)：移動． **garage** (m.)：自動車修理工場． **carte** (f.) **routière**：道路地図． **plans de villes**：街の地図． **curiosité** (f.)：（観光の）見どころ． **...entre autres**：とりわけ． **attribution** (f.)：付与． **a été établi**：動詞 établir（制定する）の受動態複合過去形．

第５段落

hors...：〜以外の． **enchaîner**：続きを行う． **archipel** (m.)：列島（ここでは日本列島を指す）． **une vingtaine de...**：約20の〜．

d'entre elles ont aujourd'hui leur Michelin. Le guide est aussi disponible pour plusieurs autres pays d'Asie comme Hong Kong, Singapour ou la Thaïlande. Mais dans son édition de 2019, c'est toujours Tokyo qui a le plus de restaurants étoilés du monde.

文を組み立てる

単純な構造の複数の文を組み合わせて，より複雑な文を組み立てる練習をしましょう．この課では，最初の文を「après＋不定詞」の前置詞句に変えて，次の文とつなげ，２つの文を１つにまとめる練習を行います．以下は本文からの抜粋に手を加えたものです．

Sa première version hors Europe, le guide de New York, est sortie en 2005. Après le guide de Tokyo, Michelin a enchaîné avec d'autres villes de l'archipel.

(1) 上の文章は，「まずNY版を出し，次に東京版，そしてンミシュランは他の都市へと歩を進めた」という内容です．このかっこ内の流れに沿って，２つの文を１つにまとめることを目指します．まず，「après avoir＋過去分詞」の構造を使って，１番目の文を「NY版を出した後に」という表現に変えます．

組み立て問題

上と同じ処理をして，次の２つの文を１つにまとめましょう．

Le premier Guide Michelin a été distribué en France gratuitement. Et après la distribution de sa version belge en Belgique, toujours gratuitement, Michelin a finalement décidé de le vendre sept francs l'exemplaire.

ヒント：distribuer 配布する，gratuitement 無料で，belge ベルギーの（これは形容詞です．次にある国名を表す名詞 Belgique と混同することがあるので，注意してください），toujours あいかわらず

elles：前の文にある d'autres villes de l'archipel（日本の東京以外の都市）を指す．
disponible：入手可能な．

Hamadaya 3 étoiles
https://www.youtube.com/watch?v=_AEnj7qmK68&frags=pl%2Cwn

Dijon : Keigo Kimura nouvel étoilé Michelin
https://www.youtube.com/watch?v=psYUFD4xqiM&frags=pl%2Cwn

Après avoir sorti sa première version hors Europe, le guide de New York en 2005,

⑵　２番目の文の先頭にある après は，すでに⑴で使ってしまいましたので，après を puis に変えます．

puis le guide de Tokyo,

⑶　そして，残りの部分をそのままつなげます．

Après avoir sorti sa première version hors Europe, le guide de New York en 2005, puis le guide de Tokyo, Michelin a enchaîné avec d'autres villes de l'archipel.

⑴　まず，「après avoir＋過去分詞」の構造を使って，１番目の文を「～を無料で配布した後に」という表現に変えます．
⑵　２番目の文の先頭にある après を puis に変え，sa version から gratuitement までを続けます．
⑶　そして，残りの部分をそのままつなげます．

使ってみよう

モデル文（本文からの抜粋）

Parmi les restaurants figurant dans le Michelin Tokyo 2008, huit avaient obtenu trois étoiles, dont cinq étaient des restaurants de cuisine japonaise.

「○○のうち，△△が××だ．そのうちの〜が〜だ．」という構文を使って作文しましょう．

(1) 2008年に星がついた150軒のうち，15軒が寿司のレストランです．そのうちの大部分が銀座にあります．

ヒント：星がついた étoilé(e)，〜の大部分 la plupart de...，〜にある se trouver à...

(2) 2009年に星がついた173軒のうち，9軒が3つの星を得ました．そのうちの8軒は，2008年にすでに三つ星つきでした．

ヒント：得る obtenir，三つ星つきの triple étoilé(e)

語彙を増やそう

日　本　語	フランス語
星［名詞］	étoile (f.)
星をちりばめた［形容詞］	
星をちりばめること［名詞］	
星形にする［動詞］	
星が出る［代名動詞］	

文法　代名動詞の複合過去形

① 代名動詞の複合過去には，助動詞は être を使います．

例：En 2008, ce livre s'est vendu à 90 000 exemplaires le jour même de sa sortie.（本文から）

② 動詞 vendre は直接目的補語をとります（例 vendre ce livre）．したがって se vendre の再帰代名詞 se は直接目的補語であり，過去分詞の一致を行います．

例：Ces livres se sont bien vendus.

③ 一方，動詞 succéder à...（～に続いて起こる）は直接目的補語はとらずに間接目的補語をとります（例　Le tonnerre a succédé à l'éclair. 稲妻に続いて雷が鳴りました）．したがって se succéder の再帰代名詞 se は間接目的補語であり，過去分詞の一致は行いません．

例：Les publications des guides Michelin se sont succédé.

文法問題

se confirmer, se précipiter, se réjouir から適切な動詞を選び，複合過去形にしてかっこをうめましょう．

(1) Lors de la première parution du Guide Michelin Tokyo en 2008, les Japonais (　　　　　　　　) dans les librairies pour l'acheter.

ヒント：lors de... ～の時に，parution (f.) 発売

(2) La position de Tokyo comme ville la plus étoilée du monde (　　　　　　　　) de nouveau en 2019.

ヒント：de nouveau 再び

(3) Lorsque le système d'attribution d'étoiles a été ajouté au Guide Michelin, les restaurateurs (　　　　　　　　).

ヒント：ajouter 加える

本文の和訳

2008年，その本は出版の当日，年代を問わない［すべての］読者に9万部も売り上げがありました．［そして］それに含まれる情報が東京の街に限られたものであったにもかかわらず，日本全国で同じ成功を収めたのです．高松市の紀伊国屋書店はわずか数週間でそれを80冊以上売りさばきました．そして弘前市

の同書店は60冊以上でした．その売り上げ冊数は，1か月で30万冊に到達しました…．要するに，ベストセラーです‼まだおわかりになりませんか？それはですね，あの有名なミシュランの美食ガイドブックの，東京に関する最初の版のことです．

こんなにもたくさんの日本人に，それを購入させる気をおこさせている理由のひとつは，［東京に］付与された星の異例ともいえる量の多さです．150軒のレストランに対して191［の星］が与えられました．このスコアは，パリが持つ97［の星］を大幅に超えていたのです．ミシュランガイドの責任者Naret氏は，東京のレストランの良さを否定したわけではありませんが，次のように強調しました．すなわち，［パリと東京の］この大きな差は，2つの首都のレストランの数を比較すればおのずとわかるというのです．つまり，当時東京では16万軒のレストラン数を数えることができたのに対し，パリでは13000軒のみだったのです．［レストラン数が多いのだから，東京の星の数が多いのは当然だという考え方］

ミシュラン東京2008に姿を現しているレストランの中で，8軒が三つ星を得ており，そのうちの5軒が和食レストランでした．そして星がついた150軒全体の中でも，半数以上が和食レストランでした．本物の和食の良さを認めている点が，まさにこの最初のミシュラン東京を特徴づけていました．さらに，美食の観点からは，東京が世界でもっとも星を持つ都市となりました．

1900年の一番最初のミシュランガイドは，まだ宣伝用のガイドにすぎず，それをミシュラン社はタイヤ購入者にプレゼントとして渡していたのです．自動車利用の先駆者［ドライバー］たちに，ガイドは貴重な情報を提供していました．その情報を，ドライバーたちは移動の際に必要とする可能性があったからです．とりわけ，修理工場のリスト，道路地図，街の地図，または観光の見どころです．レストランへの星の付与の制度が確立したのは，1931年になってからのことです．

ヨーロッパ以外に関する初めてのバージョンはニューヨークのガイドで，2005年に出版されました．東京ガイドの成功のあと，ミシュランは［日本］列島の他の都市へと歩を進めました．現在では日本の都市のうちの20以上が，自分たちに関するミシュランガイドを持っています．［そして］ホンコン，シンガポール，またはタイといったいくつもの他のアジアの国々についても，ガイドが入手可能となっています．しかし2019年度版を見ると，あいかわらず東京が世界でもっとも多くの星付きレストランを有しています．

正解と解説

文を組み立てる

(1) Après avoir distribué le premier Guide Michelin en France gratuitement,

(2) puis sa version belge en Belgique, toujours gratuitement,

(3) Après avoir distribué le premier Guide Michelin en France gratuitement, puis sa version belge en Belgique toujours gratuitement, Michelin a finalement décidé de le vendre sept francs l'exemplaire. フランスで最初のミシュランガイドを無料で配布し，さらにベルギーでこちらも無料でベルギー版を配布した後，ミシュラン社は結局1冊7フランでガイドを売ることを決定しました．

使ってみよう

(1) Parmi les 150 étoilés en 2008, quinze sont des restaurants de sushi, dont la plupart se trouvent à Ginza.

(2) Parmi les 173 étoilés en 2009, neuf ont obtenu trois étoiles, dont huit étaient déjà triple étoilés en 2008.

語彙を増やそう

星［名詞］étoile (f.) / 星をちりばめた［形容詞］étoilé / 星をちりばめること［名詞］étoilement (m.) / 星形にする［動詞］étoiler / 星が出る［代名動詞］s'étoiler

文法問題

(1) Lors de la première parution du Guide Michelin Tokyo en 2008, les Japonais (se sont précipités) dans les librairies pour l'acheter.

2008年，ミシュランガイド東京の初めての発売時，日本人はそれを買うために本屋さんへと急ぎました．解説：précipiter...（〜を速める）は直接目的補語をとりますので，過去分詞の一致があります．se précipiter 急ぐ．

(2) La position de Tokyo comme ville la plus étoilée du monde (s'est confirmée) de nouveau en 2019.

2019年，世界でもっとも星がついた都市としての東京の地位が，再び確認されました．解説：confirmer...（〜を確認する）は直接目的補語をとりますので，過去分詞の一致があります．se confirmer 確認される，確実になる．

(3) Lorsque le système d'attribution d'étoiles a été ajouté au Guide Michelin, les restaurateurs (se sont réjouis).

ミシュランガイドに星の付与という制度が加えられたとき，レストラン経営者たちは喜びました．解説：réjouir...（誰々を喜ばせる）は直接目的補語をとりますので，過去分詞の一致があります．se réjouir 喜ぶ．

18 フランス共和国の象徴

Les symboles de la République française

CD 18

Sur le site officiel de l'Élysée, on peut trouver une courte présentation des symboles de la République française. La devise « Liberté, Égalité, Fraternité », le drapeau tricolore, l'hymne national « La Marseillaise » et le 14 juillet sont familiers au Japon. Mais les quatre autres le sont moins ou pas du tout. Voici quelques informations qui vous permettront de mieux les connaître.

Le coq. Dans l'Antiquité, le coq symbolisait la Gaule parce qu'en latin, le mot « gallus » signifie à la fois « gaulois » et « coq ». Mais au cours de l'histoire, le symbole du coq gaulois n'a pas toujours été apprécié. Napoléon Ier, par exemple, l'a refusé comme emblème, au motif que le coq n'aurait « point de force » et qu' « il ne peut être l'image d'un empire tel que la France ». Finalement, c'est sous la IIIe République que le coq est devenu un symbole quasi officiel du pays.

Marianne. C'est un symbole que l'on voit plus souvent que le coq. Il s'agit d'une jeune femme coiffée d'un bonnet phrygien. Ce bonnet, signe de liberté, était porté par les esclaves de Rome et de

注　（本文には下線を付してあります.）

第１段落

site (m.) **officiel**：公式サイト．　**Élysée** (m.)：palais de l'Élysée エリゼ宮（大統領官邸）を指す．　**République** (f.)：共和国．大文字で始まる場合はフランス共和国を指す．**devise** (f.)：標語．日本の国は標語を持っていないが，フランスには国の標語がある．**Liberté** (f.), **Égalité** (f.), **Fraternité** (f.)：自由，平等，友愛．　**drapeau** (m.) **tricolore**：三色旗．色は青・白・赤．　**hymne** (m.) **national**：国歌．　**La Marseillaise**：フランス国歌の名称「ラ・マルセイエーズ」．フランス革命時にマルセイユから来た義勇軍がこの歌を歌っていたことが名称の由来と言われている．　**le 14 juillet**：革命記念日．フランスにとって重要な祝日とされている．1789年７月14日にパリのバスチーユ監獄襲撃が行われ，一般的にはこれがフランス革命の始まりとされている．**familier, familière**：親しみがある．　**le sont moins**：moins familiers の familiers が le という中性代名詞になっている．形容詞を置きかえる時は中性代名詞 le を使い，性数の一致はない．**quelques informations** (f.)：quelques には「少ない」というニュアンスがあるので，ここは「ちょっとした情報」というニュアンスで解釈する．**les connaître**：代名詞 les は les quatre autres を指す．

第２段落

coq (m.)：雄鶏．　**Antiquité** (f.)：古代．ここでは古代ローマ時代を指す．**Gaule** (f.)：ガリア（ゴール）．古代ローマ時代に，現在のフランス，ベルギー，北イタリアのあたりの地域を Gaule と呼んでいた．　**gaulois(e)**：ガリアの．Gaule の形容詞．　**au cours de...**：～の間に．　**apprécié(e)**：評価の高い．　**Napoléon I**^{er}：ナポレオン１世（1769年～1821年）．　**l'a refusé**：代名詞 l' は coq を指す．　**emblème** (m.)：象徴，シンボル．　**au motif que...**：～ということを理由に．　**ne... point...**：少しも～ではない．　**qu' « il ne peut être**：au motif que の繰り返しを避けて que から節が始まっている．il ne peut pas être の pas が省略されている．書き言葉では pouvoir の後の pas が省略されることがある．　**image** (f.)：象徴，シンボル．　**III**^e **République** (f.)：フランスの第三共和制（1870年～1940年）．フランス革命直後に第一共和制が始まり，断続的に共和制が続いて，今は第五共和制に至っている．**quasi**：ほぼ，ほとんど．

第３段落

coiffé(e) de...：～をかぶった．　**bonnet** (m.)：縁なし帽．　**phrygien, phrygienne**：フリギアの．フリギアは，小アジアにあった古代国家．　**esclave**：奴隷．

la Grèce antiques lorsqu'ils avaient été affranchis par leur maître. Bien que les origines de Marianne ne soient pas très claires, elle incarne la liberté et la République depuis la Révolution française. Un buste de Marianne est exposé dans toutes les mairies et on la retrouve sur certains timbres ou encore sur les pièces de centimes d'euros françaises. Elle apparaît aussi sur le logo officiel de l'État, conçu en 1999 et visible sur tous les sites Internet gouvernementaux français.

Le sceau. Depuis le Moyen Âge, les rois et certains hauts personnages en France détenaient des sceaux, marques distinctives et signes d'autorité, permettant notamment d'authentifier les documents importants. Celui de la République actuelle a été frappé en 1848 sous la IIe République. Anecdote amusante, le graveur à qui il avait été commandé n'a pas respecté les instructions spécifiées par l'État. Il a placé la devise « Liberté, Égalité, Fraternité » ailleurs qu'à l'endroit prévu. Mais c'est pourtant ce sceau qui est le seul sceau officiel de l'État français aujourd'hui !

Le faisceau de licteur. Ce symbole est peu connu, même de la plupart des Français. Il est pourtant souvent utilisé pour

avaient été affranchis：動詞 affranchir（解放する）の受動態大過去形．まず解放されてからこの帽子をかぶったので，過去の過去を表す大過去が使われている．**maître** (m.)：主人．**Bien que...**：～であるにもかかわらず．que のあとは接続法．**incarner**：具現化する．**buste** (m.)：胸像．**exposer**：展示する．**mairie** (f.)：市役所．**retrouver ＋場所**：～でも見ることができる．**timbre** (m.)：切手．**pièce** (f.)：硬貨．**centime** (m.)：100サンチームで1ユーロになる．他の国々では cent セントを使っているが，フランスはユーロ導入前の1フラン＝100サンチームの時代の名称サンチームを，継続して使っている．**État** (m.)：大文字 É で書かれている時は「国家」の意味．**conçu**：作られた．**visible**：見える．省庁や大使館のサイトには，三色旗の中央の白い部分がマリアンヌの横顔に描かれているロゴが使われている．

第4段落

sceau (m.)：（封蝋に使う）印．**Moyen Âge** (m.)：中世．**haut personnage** (m.)：高位の人物．**détenir**：保持する．**distinctif, distinctive**：他と異なる．**autorité** (f.)：権威．**notamment**：特に．**authentifier**：認証する．**frapper**：鋳造する．**anecdote** (f.)：逸話．**graveur** (m.)：彫版師．**commander**：注文する．**instruction** (f.)：指示．**spécifier**：明示する．**ailleurs que...**：～以外の場所に．**prévu(e)**：予定された．**pourtant**：しかしながら．

faisceau de licteur

sceau

第5段落

faisceau (m.) **de licteur**：リクトルの束桿（そっかん）．古代ローマでは，執政官に付き従ったリクトル（警士）が束桿を持ち，束桿を用いて刑を執行していた．**peu ＋形容詞**：あまり～ではない．**même...**：～ですら．

représenter la République française comme à l'ONU, par exemple, où dans la salle d'Assemblée, chaque pays doit être représenté par un emblème. Le faisceau de licteur comprend différents éléments tels que des branches de chêne et d'olivier, symbolisant la justice et la paix. Il figure sur la couverture du passeport français.

文を組み立てる

単純な構造の複数の文を組み合わせて，より複雑な文を組み立てる練習をしましょう．この課では，最初の文を parmi で始まる前置詞句に変えて，２つの文を１つにまとめる練習を行います．以下は本文からの抜粋です．

> Sur le site officiel de l'Élysée, on peut trouver une courte présentation des symboles de la République française. La devise « Liberté, Égalité, Fraternité », le drapeau tricolore, l'hymne national « La Marseillaise » et le 14 juillet sont familiers au Japon.

(1) まず，最初の文を「parmi les symboles de la République française＋関係代名詞 dont の節」に変えます．元の文では une courte présentation des

組み立て問題

上と同じ処理をして，次の２つの文を１つにまとめましょう．

Sur le sceau, Jean-Jacques Barré a réalisé la gravure de trois inscriptions. Mais la devise « Liberté, Égalité, Fraternité » n'a pas été placée au bon endroit.

ヒント：Jean-Jacques Barré (1793-1855) フランス共和国の印を作成した彫版師．

ONU：Organisation des Nations Unies.　国際連合.　**Assemblée** (f.)：議会. **branche** (f.)：枝.　**chêne** (m.)：柏（オーク）の木.　**justice** (f.)：正義.　**figurer**：載っている.

Marianne
https://www.youtube.com/watch?v=5UzrL49cqec&frags=pl%2Cwn

le coq
https://www.youtube.com/watch?v=WCqm4xUVZ8c&frags=pl%2Cwn

(= de + les) symboles de la République française となっているので，下線部分を関係代名詞 dont に変えて前へ出します.

Parmi les symboles de la République française dont on peut trouver une courte présentation sur le site officiel de l'Élysée,

(2)　そして，２番目の文をそのままつなげます.

Parmi les symboles de la République française dont on peut trouver une courte présentation sur le site officiel de l'Élysée, la devise « Liberté, Égalité, Fraternité », le drapeau tricolore, l'hymne national « La Marseillaise » et le 14 juillet sont familiers au Japon.

---

gravure (f.)　彫り込んだもの，inscription (f.)　記入された文字，endroit (m.) 場所

(1)　最初の文を「parmi ... + 関係代名詞 dont の節」に変えます.
(2)　そして，Mais を除いた２番目の文をそのままつなげます.

使ってみよう

モデル文（本文からの抜粋）

Le symbole du coq gaulois n'a pas toujours été apprécié. Napoléon Ier, par exemple, l'a refusé.

「○○は，必ずしも△△されたわけではない．例えば，××は～だった．」という構文を使って作文しましょう．

(1) ガリアの雄鶏という象徴は，必ずしも良く受け止められているわけではありません．例えばイギリス人は，ガリアの雄鶏をからかっています．

ヒント：良く受け止められた bien perçu(e)，～をからかう se moquer de...

(2) いくつかのフランスの象徴は，必ずしも外国で知られているわけではありません．例えば日本人は，ガリアの雄鶏を知りません．

ヒント：いくつかの～　certain(e)s...，知られている connu(e)，～を知っている（物・人・場所を知っている場合は，savoir ではなく connaître を使います．）

語彙を増やそう

日　本　語	フランス語
象徴［名詞］	symbole (m.)
象徴的な［形容詞］	
象徴的に［副詞］	
象徴する［動詞］	

文法　受動態の複合過去形

① 受動態の時制は，「être＋過去分詞」の être の部分で表します．例えば複合過去形の場合は，次のようになります．

例：Le sceau de la République actuelle est frappé.　この文では être の部分が現在形なので，時制は現在となります．

→ Le sceau de la République actuelle a été frappé en 1848.　この文では être の部分が複合過去形なので，時制は複合過去になります．

② 複合過去の否定形は，être の複合過去形で助動詞として使われている avoir の部分を，ne... pas ではさみます．

例：Le sceau de la République actuelle n'a pas été frappé en 1840.

文法問題

受動態の複合過去形を使って作文しましょう．

(1) 1789年7月14日，バスティーユ牢獄はパリ市民によって制圧されました．
ヒント：牢獄 prison (f.)，パリ市民 Parisien，Parisienne，制圧する prendre

(2) フランスの象徴としての雄鶏は，ナポレオン1世に拒絶されました．
ヒント：〜としては comme...，拒絶する rejeter

(3) 自由，平等，友愛という価値が，フランスの標語として選ばれました．
ヒント：価値 valeur (f.)

本文の和訳

エリゼ宮の公式サイト上に，フランス共和国の象徴の短い紹介を見出すことができます．「自由，平等，友愛」の標語，三色旗，国家「ラ・マルセイエーズ」や7月14日は，日本でも親しみがあります．しかし他の4つは，親しみがより少ないか，または全然知られていません．それらをよりよく知っていただけるように，ちょっとした情報を以下に，提示します．

雄鶏についてです．古代ローマ時代，雄鶏はガリア地方を象徴するものでした．なぜならラテン語で gallus という単語は，「ガリアの」と「雄鶏」の両方を意味していたからです．ただし，歴史が流れる間には，ガリアの雄鶏というシンボルは，必ずしも高い評価を得ていたわけではありません．例えばナポレオン１世ですが，彼はこれを象徴とすることを拒否しました．その理由は，雄鶏では「少しも力を」示すことができないだろうし，「フランスのような帝国の象徴になることはできないから」というものでした．結局，第三共和政のもとで，雄鶏は国のほぼ正式な象徴となったのです．

マリアンヌ．これは，雄鶏よりもよく目にする象徴です．フリギアの縁なし帽をかぶった若い女性です．この帽子は自由の印であり，古代ローマと古代ギリシアの奴隷が主人によって解放された後にかぶった帽子でした．マリアンヌの由来はよくわかっていませんが，フランス革命から，自由と共和国を具現化するようになりました．マリアンヌの胸像はすべての市役所に飾られていますし，いくつかの切手や，さらにはフランスのユーロのサンチーム硬貨の上にも見出すことができます．フランス国家の公式ロゴにも姿がありますが，このロゴは1999年に作られ，フランス政府のインターネットのサイト上で見ることができます．

次は印（いん）です．中世以降フランスでは，王や複数の高位の人物たちは印を持っていました．印は，その人物を他者と識別するマーク，権威の符号で，特に重要な書類を認証することを可能にしていました．現在のフランス共和国の印は，第二共和政のもと，1848年に鋳造されました．面白い逸話があります．この印の発注を受けた彫版師が，国家から明示された指示を守らずに，予定されていた場所以外のところに「自由，平等，友愛」の標語を入れたというのです．しかしながら，これが現在のフランス国家の正式な唯一の印となっています！

リクトルの束桿．この象徴は，フランス人の大部分にさえ，あまり知られていません．しかし，これはフランス共和国を象徴するために，よく用いられています．例えば国連ですが，国連の議会場では各々の国が何らかの象徴で表されなければならず，[フランスはリクトルの束桿で象徴されています]．リクトルの束桿は，正義と平和を象徴するオークとオリーブの木の枝などの，さまざまな要素で構成されています．フランスのパスポートの表紙にも，載っています．

正解と解説

文を組み立てる

(1) Parmi les trois inscriptions dont Jean-Jacques Barré a réalisé la gravure sur le sceau,

(2) Parmi les trois inscriptions dont Jean-Jacques Barré a réalisé la gravure sur le sceau, la devise « Liberté, Égalité, Fraternité » n'a pas été placée au bon endroit. ジャン・ジャック・バレが印の上に作った彫り込みの３つの記入のうち,「自由, 平等, 友愛」の標語は正しい場所に置かれませんでした.

注：標語の他に, ２つの記入が彫り込まれました.

使ってみよう

(1) Le symbole du coq gaulois n'est pas toujours bien perçu. Les Anglais, par exemple, se moquent du coq gaulois.

(2) Certains symboles de la France ne sont pas toujours connus à l'étranger. Les Japonais, par exemple, ne connaissent pas le coq gaulois.

語彙を増やそう

象徴［名詞］symbole (m.) / 象徴的な［形容詞］symbolique / 象徴的に［副詞］symboliquement / 象徴する［動詞］symboliser

文法問題

(1) Le 14 juillet 1789, la prison de la Bastille <u>a été prise</u> par les Parisiens.

解説：日本ではよくバスティーユ牢獄の「襲撃」という用語が使われますが, フランスでは la prise de la Bastille と呼ぶので, 問題(1)の動詞には prendre を選びました.

(2) Le coq, comme symbole de la France, <u>a été rejeté</u> par Napoléon Ier.

(3) Les valeurs de liberté, d'égalité et de fraternité ont été choisies comme devise de la France.

解説：comme にはいろいろな意味がありますが,「〜として」と資格を表す場合には, 一般的に無冠詞で名詞を続けます. comme <u>une</u> devise と冠詞を入れると,「あたかも〜のように」という類似を表す意味になってしまいます.

著者紹介

井上美穂（いのうえ　みほ）：テキスト・日本語部分担当
上智大学博士後期課程を満期退学．
現在，明治大学，獨協大学などでフランス語講師．
NHK ラジオ『まいにちフランス語』応用編で講師（2019年７～９月など）．
専門は発音指導・外国語教育．
著書に『耳から始めるフランス語』（白水社），『あなたのフランス語が目を覚ます！』（三修社）など．

ファビエンヌ・ギユマン（Fabienne GUILLEMIN）：テキスト・問題文担当
ポワティエ大学英語学修士号，比較文学博士号取得．
現在，東京都立国際高等学校，読売カルチャーセンター講師．
専門は FLE（外国語としてのフランス語教授法）．
著書に『21世紀フランス語表現辞典』（駿河台出版社），『フランス語のシッフル（数字）なんてこわくない！』（駿河台出版社）など．

フランソワ・ルーセル（François ROUSSEL）：テキストの一部・問題文担当
パリ第７大学東洋言語・文明研究科（日本研究専攻）博士論文執筆資格コース修了
博士論文執筆資格取得（D.E.A.）
現在，大東文化大学外国語学部准教授．
NHK ラジオ『まいにちフランス語』応用編で講師（2017年10月～12月）．
専門は教育史・フランス語教育・ジェンダースタディーズ．
著書に『パリのフランス語入門』（三省堂），『トーム・アン』（第三書房）など．

平松尚子（ひらまつ　なおこ）：日本語部分担当
慶應義塾大学博士課程単位取得退学．
現在，横浜市立大学国際教養学部准教授．
専門は20世紀フランス文学，フランス語教育学．
著書に『フランス語リスニング』（三修社）など．

〈日本語訳付〉アンフォ
フランス語でニュースを読むⅠ（CD付）

井　上　美　穂
ファビエンヌ・ギユマン
フランソワ・ルーセル
平　松　尚　子
著

2020. 3. 20　初版発行
2022. 7.　1　2刷発行

発行者　井　田　洋　二

〒101-0062 東京都千代田区神田駿河台 3 の 7
発行所　電話　03(3291)1676 FAX 03(3291)1675
振替　00190-3-56669

株式会社　駿河台出版社

製版・印刷・製本　フォレスト

ISBN978-4-411-00553-3　C1085　¥ 2100E

http://www.e-surugadai.com